イラストと図解で丸わかり!

世界一やさしい

新NISAの始め方

小林亮平

Ryohei Kobayashi

KADOKAWA

はじめに

さあ、新NISAを始めよう！

2024年、新NISA制度（新しいNISA）が始まり、大きな注目を集めています。

新NISAは従来のNISAと比べて大幅にパワーアップし、年間360万円までの投資が可能になり、非課税期間も無期限に延長されました。

これにより、長期にわたる非課税での運用が可能となり、それだけ将来のお金が多く増えることも期待できるでしょう。

まさに、「使わないともったいない」と言えるほど素晴らしい制度になっています。

たとえば、月3万円の積立を続けて、年間5％の運用利回りを想定した場合、30年後には**約1395万円もの利益が見込めます。**ただ本来、投資の利益には約20％の税金がかかるので、約280万円は税金として引かれてしまいます。

しかし新NISAを活用することで、**この運用で得た約1395万円の利益をすべて非課税で受け取ることができる**のは、たいへん驚きでしょう。

私の周りでも、「**NISAをもっと早く始めておけばよかった！**」という声を本当によく聞きます。

本書を手に取っていただいたあなたにも、ぜひ新NISAを始めてほしいのですが、その理由はシンプルです。

あなたはいま、将来のお金の悩みや不安を抱えていませんか？

「子どもが大きくなった時の大学費用を考えないと……」

「夢のマイホームが欲しいけど、頭金が用意できるか心配……」

「老後の年金ってちゃんともらえるかな……。自分でも準備する必要があるって聞いたけど……」

結婚、子育て、病気、老後……そんな将来に漠然と不安を感じている人こそ新NISAでお得に投資を始めてみるといいでしょう。昨今の低金利時代、銀行預金ではほとんどお金が増えないですが、投資なら堅実にお金を増やしていくことが期待できます。

「いや、そうは言っても新NISAってよく分からないし、忙しい自分には難しそう……」

と思った方も、安心してください。

新NISAの始め方はとっても簡単で、一度始めさえすれば、あとはほったらかしにしておけばOKです。

ズボラな人や日々の仕事などで忙しい人にこそ、新NISAはピッタリと言えるでしょう。

私が日々、YouTube「BANK ACADEMY」のコメント欄やSNSでいただく、**新NISAのよくある質問もすべてまとめておきました**。

新NISAについて日々発信している私の知識と経験を、この本にすべて詰め込みましたので、読み終える頃には、新NISAの理解はバッチリになっているでしょう。

ぜひ本書を片手に、新NISAを一緒に始めていきましょう!

目次

目次

第1章 新NISAっていったい何なの?

第2章 新NISAでおすすめの商品は？

第3章 新NISAを実際に始めてみよう

第4章 知らないと怖い、新NISAの落とし穴は？

第5章 20代向けの新NISA投資戦略

第6章 30〜40代向けの新NISA投資戦略

第7章 50〜60代向けの新NISA投資戦略

第8章 新NISAのよくある質問にまとめて回答

※本書の記載内容は2024年3月現在のものであり、記載された情報に関しては、万全を期しておりますが、内容を保証するものではありません。また、本書は特定の金融商品、投資商品を推奨するものではなく、記載内容を利用したことによる、いかなる損害・損失についても出版社、著者、ならびに本書制作の関係者は一切の責任を負いません。投資の最終判断はご自身の自己責任でお願いいたします。

ガチャッ
パッ
ふ〜……
今日もお仕事頑張ったなぁ
ぽーい
ガサッ
頑張った自分へのご褒美は…
ポテチ
やっぱりポテチだよね!
おさかな銀行勤務
ペンタごん
TVでも見よっ
今話題の新NISA〜
新NISAを始めよう!
おっ

そういえば今日も職場で話が出てたな…
新NISA…
新NISA始めたんですよー
ほぉ!!
興味はあるけど
なんか難しそうだし…
う～ん
僕には関係ないかな！
ペンギン王国見よ!!
そんなことないよ！
いきなりテレビから出てきた!?
うわあー!!
ディジャブ!?

こんにちは！
小林亮平です!!
メガバンクに勤めた後
現在は「超初心者でも理解できる」をモットーに
YouTubeで
新NISAについて
分かりやすく解説しているよ
新NISAを
分かりやすく…!?
そう!!
新NISA
新NISA

新NISAは今までのNISAに比べて大幅にパワーアップするんだ

新NISA

パワーUP!

今までのNISA

非課税枠年360万円まで投資OK!!

非課税期間も無期限に!!

それだけ将来のお金が多く増えることも期待できるよ

いつまでも非課税

年360万円投資OK

…でもなぁ…
うう〜ん
僕もNISAは前から興味はあったんだけど…
なんか難しそうなんだよね
そもそも何が分からないか分からないから
どうやって始めるの？
NISAってなに？
投資って怖くない？
ナニモワカラナ〜イ
いつまでも始められないんだ
大丈夫!!
ハッ

そんな
ペンタごんでも
分かるように
新NISAを
分かりやすく
説明していくね
僕が作った新NISA
オリジナルイラストで
やさしく教えてあげるから
ズボラなペンタごんでも
きっと始められるよ
新NISA
なぜズボラだと分かった!?
新NISAは
利用しないともったいない
と言えるほど
すごい制度になっているから
せっかく始まった
今こそ
チャレンジしてみよう！

新NISA
そうなのかぁ…
よし!!
僕も新NISAやってみるぞ!
新NISA
新NISAを学んで一緒に投資を始めていこう!

新 NISA の始め方リスト

STEP 1

楽天証券や SBI 証券などのネット証券で新 NISA 口座を開設する

STEP 2

クレカ積立に使用するクレジットカードを発行する

※楽天証券なら楽天カード、SBI 証券なら三井住友系列のクレジットカード

STEP 3

投資する銘柄を決める。基本は全世界株式もしくは米国株式のインデックスファンドで OK

STEP 4

投資に回す金額を決める。目安として、毎月の手取り収入の 5 ～ 10％で積立を始めてみる

※月の手取り収入が 20 万円なら、月 1 万 ~2 万円の積立額が目安

STEP 5

新 NISA の投資を始めた後は、とにかくほったらかしにする！

新 NISA の始め方はとっても
簡単だから安心してね！
各ステップについては、
第 3 章で詳しく説明しているよ。

第1章

新NISAって いったい何なの？

そもそもNISAとは？

まず、NISAについて簡単に解説します。

NISAはNippon Individual Savings Accountの略で、**日本語に直すと「少額投資非課税制度」**と言われます。

つまり、投資の利益に税金がかからないお得な制度ですが、これだとよく分からないので、まず投資の利益にかかる税金の仕組みを知っておきましょう。

たとえば、通常の課税口座で株式などに投資し、10万円の利益が出たとします。

この場合、利益には約20％の税金がかかるため、2万円が差し引かれて、手元に残る利益は8万円です。

しかし、**NISA口座で同じ投資を行った場合、この利益には税金がかからず、10万円の利益をまるまる受け取ることができます。**

NISA口座は利益に税金がかからない

投資の値上がり益などには
約20%の税金がかかるが、
NISA口座だと非課税になる

課税2万円

利益
10万円

税引き後
利益
8万円

投資元本

投資元本

運用で得た利益が10万円なら、
2万円の税金がかからずに済むよ！

NISA自体は投資商品ではなく、口座（箱）の
イメージを持っておくと分かりやすいね！

これでNISAのイメージが湧いたと思いますが、**NISAはあくまで「口座」、つまり箱だと考えればOK**です。

NISAについて「損することはありますか？」とよく聞かれますが、これは少し誤解があります。

なぜなら、NISA自体は投資商品ではなく、ただの「箱」だからです。

この箱にどのような商品を入れて運用するかによって、利益や損失が変わります。

そのため、通常の課税口座よりもNISA口座を使うことで、よりお得になります。

2024年からの新NISAはこう変わる

NISA制度は2014年にスタートし、18歳以上の成人は、つみたてNISAか一般NISAを選んで利用していました。それが**2024年からは新NISAとして統一され、より分かりやすく、使いやすい制度にアップデート**されます。

主な変更点は4つあります。それぞれ順番にお話ししていきますね。

①非課税枠が大幅に拡大
②非課税期間が無期限に
③生涯投資枠が1800万円に設定
④つみたて投資枠と成長投資枠の併用が可能

なお、新NISAで選べる投資対象商品については、第2章で詳しくお話しします。

新NISAは今までと比べてどう変わる？

2023年までのNISA

	つみたてNISA	一般NISA
年間の非課税枠	40万円	120万円
非課税期間	20年	5年
投資対象商品	一定の要件を満たした投資信託など	上場株式・投資信託・ETF・REITなど
買付方法	積立のみ	積立もスポット投資も可
対象年齢	18歳以上	18歳以上

2024年からの新NISA

	つみたて投資枠	成長投資枠
年間の非課税枠	120万円	240万円
非課税期間	無期限	無期限
生涯投資枠	1,800万円（うち成長投資枠は1,200万円）	
投資対象商品	一定の要件を満たした投資信託など（つみたてNISA対象商品と同様）	上場株式・投資信託など（毎月分配型や高レバレッジ型の投資信託などは対象外）
両制度の併用	可（年360万円まで投資できる）	
買付方法	積立のみ	積立もスポット投資も可
対象年齢	18歳以上	18歳以上

※2024年以降、つみたてNISA口座・一般NISA口座で新規投資は不可。
2023年までに投資した分のみ、非課税期間終了まで運用可能
※生涯投資枠は買付残高（簿価残高）で管理

新NISAの変更点①
非課税枠が大幅に拡大

非課税枠とは、NISA口座において、1月1日から12月31日までの1年間で投資できる上限額のことです。

これまでのつみたてNISAの非課税枠は年40万円でしたが、**新NISAではこの枠が、「つみたて投資枠」と名称が変わり、年120万円に拡大します**。

同様に、一般NISAの非課税枠は年120万円でしたが、**こちらも新NISAでは「成長投資枠」と名称が変わり、年240万円に拡大します**。

非課税枠が大きくなると、それだけ投資できる金額も増えるため、将来的な利益の増加が期待できます。

従来のＮＩＳＡは非課税枠の小ささがネックでしたが、新ＮＩＳＡではだいぶ改善されたと言えるでしょう。

非課税枠が拡大したことで、コツコツ買付する積立投資に関しても、**つみたて投資枠では月10万円、成長投資枠では月20万円まで可能**になります。

さらに、後ほど紹介しますが、**つみたて投資枠と成長投資枠の併用も可能になり、新ＮＩＳＡは最大で年３６０万円（月30万円）まで投資できます**。

新 NISA は非課税枠が大幅に拡大！

2023 年までの NISA	2024 年からの 新 NISA
つみたて NISA 年 40 万円	つみたて投資枠 年 120 万円
↕ どちらか選択 →	成長投資枠 年 240 万円
一般 NISA 年 120 万円	合計 年 360 万円

新NISA口座を開設すると、つみたて投資枠と
成長投資枠がそれぞれ利用できるよ！

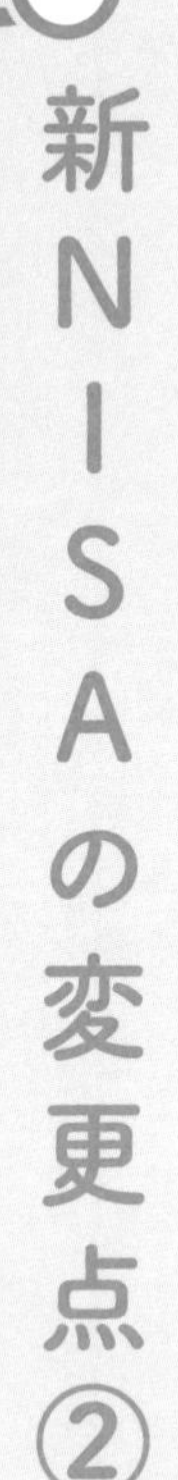

新NISAの変更点②
非課税期間が無期限に

非課税期間とは、投資から得た利益に税金がかからない期間のことです。

非課税期間が終了するまでは、どのタイミングで売却しても、利益に税金がかかりません。従来のつみたてNISAは投資商品を購入した年から数えて最長20年、一般NISAは最長5年の非課税期間がありました。

そのため、仮につみたてNISA口座で2023年の1月1日から12月31日までに積立した分は、2042年12月31日で非課税期間が終了します。

それが新NISAでは、つみたて投資枠、成長投資枠ともに非課税期間が無期限となり、いつまでも利益に税金がかからずに運用を続けられます。

ちなみに、**新NISAでは、口座開設・投資できる期間も恒久化されます**。

新 NISA は非課税期間が無期限に！

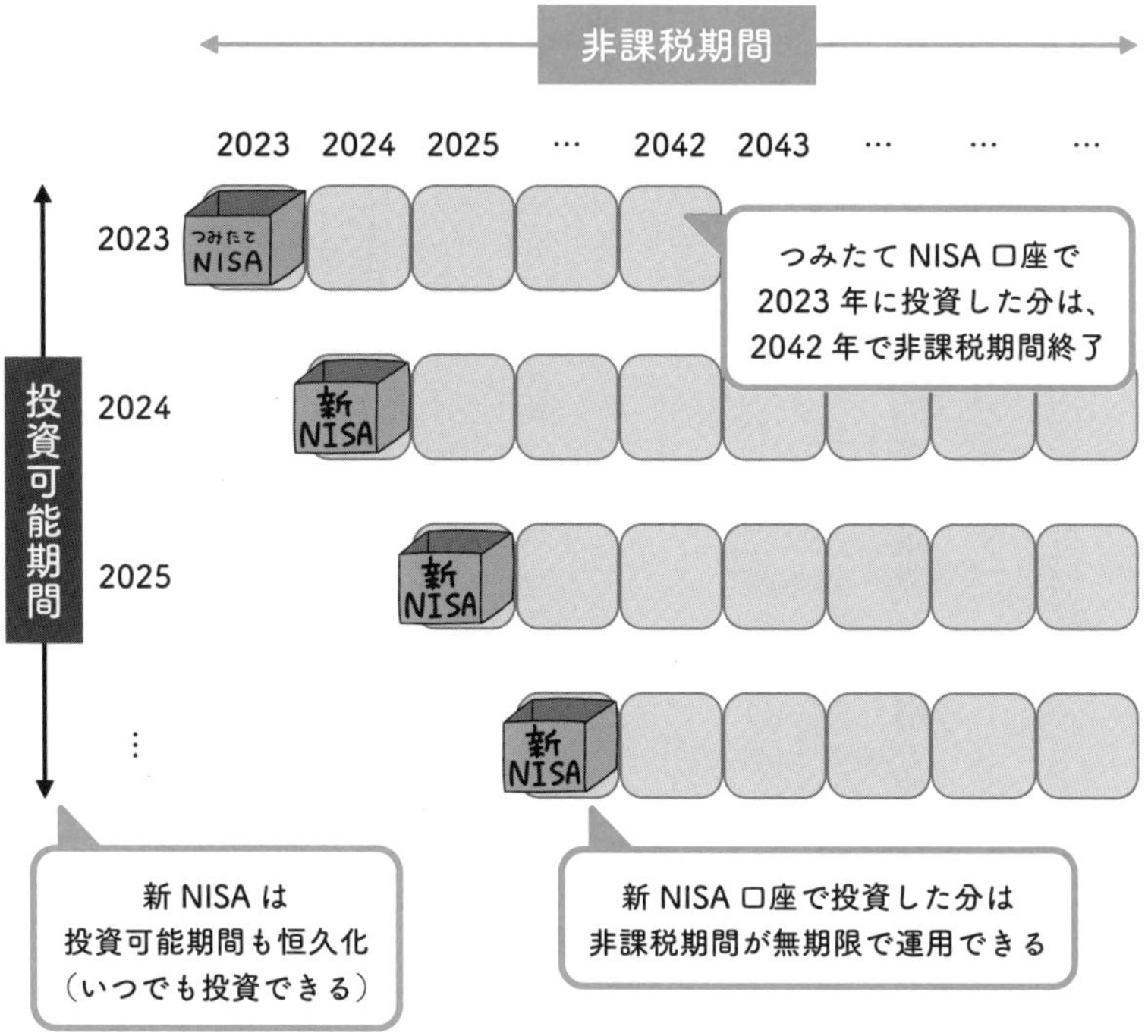

非課税期間

2023 2024 2025 … 2042 2043 … … …

投資可能期間

2023 つみたてNISA

2024 新NISA

2025 新NISA

⋮ 新NISA

つみたて NISA 口座で 2023 年に投資した分は、2042 年で非課税期間終了

新 NISA は投資可能期間も恒久化（いつでも投資できる）

新 NISA 口座で投資した分は非課税期間が無期限で運用できる

新 NISA はいつまでも利益に税金がかからずに運用を続けられるんだね

NISAは横軸が非課税期間、縦軸が投資可能期間で考えると分かりやすいよ！新NISAでは、非課税期間の無期限化と併せて投資可能期間の恒久化も実現したね

従来のNISAは終了する時期が決まっている、期限付きの制度でしたが、新NISAは生涯にわたってずっと利用できるようになりました。

「非課税期間が無期限って、そんなにすごいことなの？」と思った方は、こちらのシミュレーションを見てください。たとえば、毎月3万円を30年間、利回り年5％で運用した場合、5年目ではまだ約24万円の利益ですが、30年目には約1395万円の利益になります。

なぜこんなに利益が出ているのかというと、**利益が利益を生む複利効果が効いているから**です。複利は人類最大の発明とも言われ、時間をかければかけるほど、雪だるま式に利益が増えていくイメージだと思ってください。

ただ実際の投資はここまで綺麗には増えず、時には暴落してマイナスになることもあります。上下に値動きしながら長期的に見て複利が効いていくと思えばいいでしょう。

新NISAでは、この30年間の運用で得た約1395万円もの利益が非課税になり、まるまる受け取ることができます。

課税口座だと、この利益の約20％、つまり約280万円の利益が税金で引かれることを考えると、非課税期間が無期限であるメリットがよく分かります。

長期投資なら複利の恩恵が期待できる！

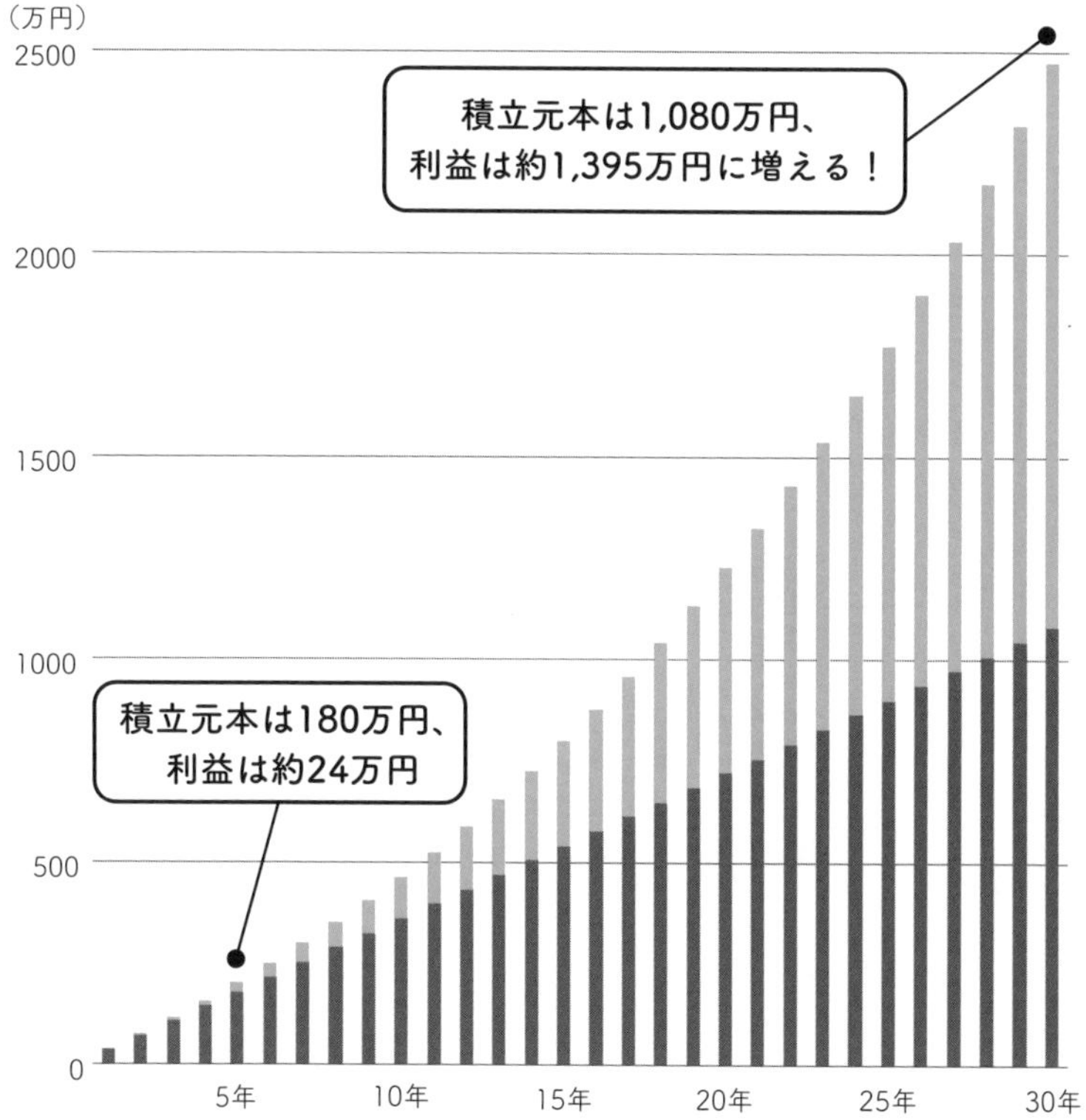

新NISAで月3万円の積立を年利5%で行うと、
30年目には利益が約1,395万円まで増えた！
これが非課税でまるまるもらえるなんて
新NISA、凄すぎる！

新NISAの変更点③ 生涯投資枠1800万円に設定

生涯投資枠とは、その名の通り新NISA口座にて、生涯で投資できる上限のことです。

新NISAの非課税枠が大幅に拡大したため、投資に資金を回せる高所得者層への過度な優遇とならないように、生涯投資枠は1800万円と設定されました。

非課税枠は毎年リセットされますが、生涯投資枠は投資商品を買った金額の累計で、年々積み上がっていきます。

生涯投資枠はいくら投資したかの買付残高（簿価）で計算されるので、たとえば、新NISAで2024年に100万円、2025年に200万円を投資したら、生涯投資枠は残り1500万円になります。

なお、生涯投資枠1800万円のうち、成長投資枠に充てられるのは1200万円が上限になります。

つまり、成長投資枠で1200万円投資するなら、つみたて投資枠での投資は600万円までになります。

ただし、よく誤解されますが、必ずしも成長投資枠を利用する必要はなく、つみたて投資枠だけで生涯投資枠1800万円を使い切ることも可能です。

また、**新NISA口座で保有している商品を売却すると、その売却した商品を買い付けた時の金額（買付残高）の分だけ、売却した翌年に生涯投資枠が復活します**。

注意点としては、復活するのは買付時の金額なので、仮に元本100万円と利益50万円の計150万円を売却しても、復活する枠は元本の100万円分だけです。

いずれにしろ、売却した翌年になれば、復活した枠を再利用して、新NISAで改めて投資できることは覚えておくといいでしょう。

ただし、新NISAの非課税枠はあくまで年360万円なので、まとまった資産を売却して、仮に生涯投資枠500万円が翌年に復活しても、その年に新NISAで500万円を一気に投資することはできないのでご注意ください。

生涯投資枠をイラストで理解しよう

生涯投資枠は買付残高（簿価）で管理

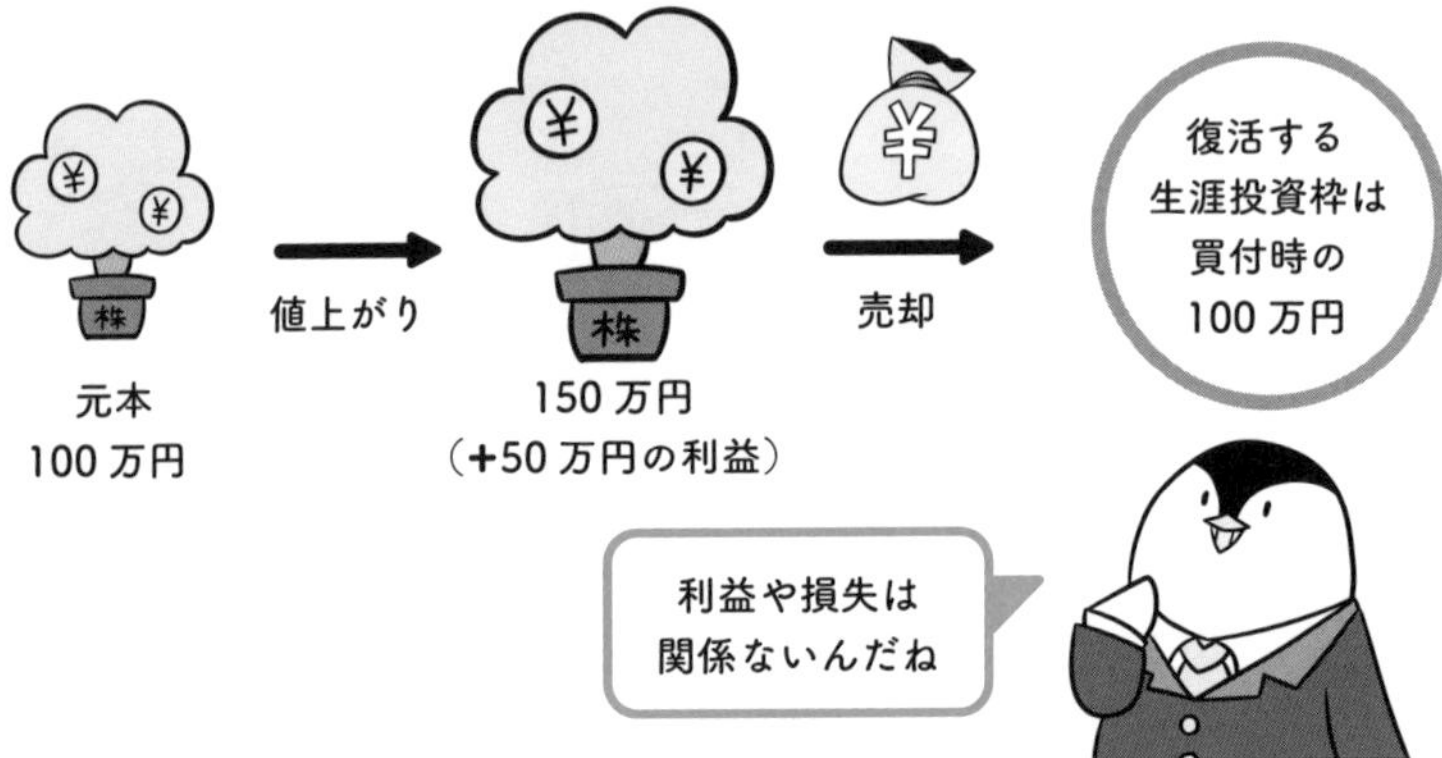

生涯投資枠は売却した翌年に復活

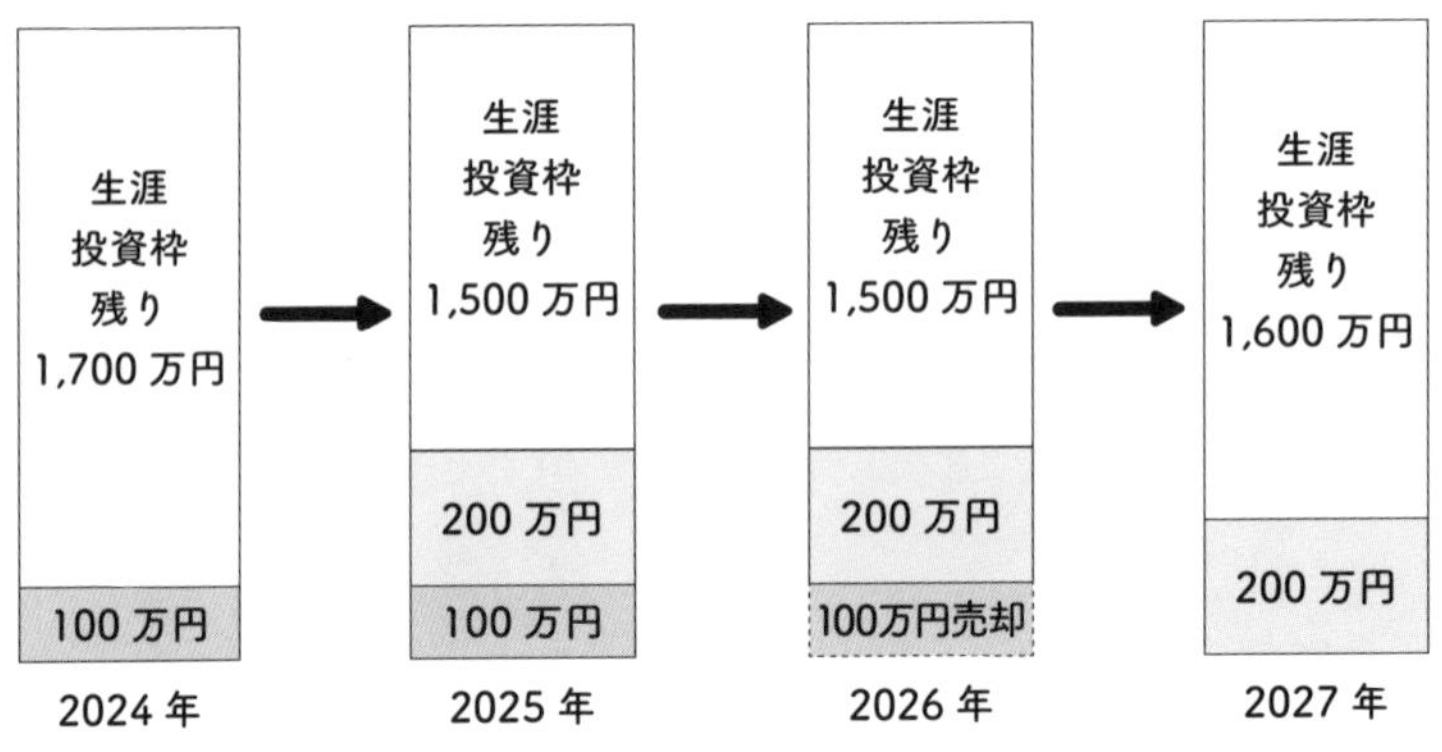

2024年に100万円投資、2025年に200万円投資、
2026年に100万円分売却時の生涯投資枠の推移で
売却した翌年に生涯投資枠は復活するよ！

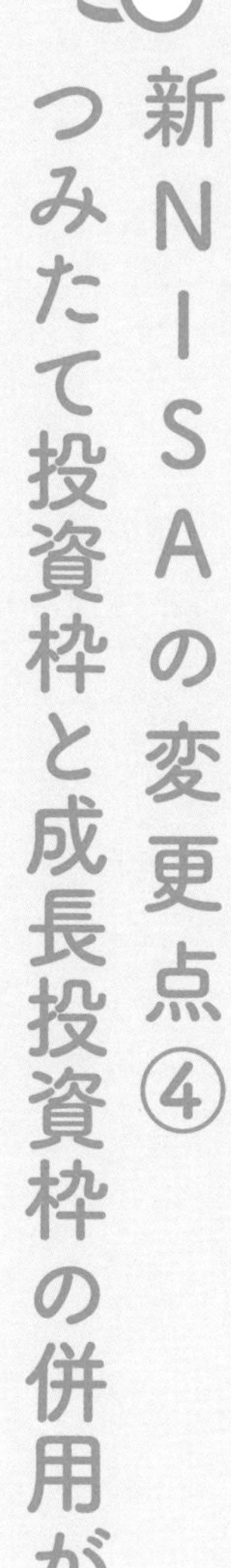

新NISAの変更点④ つみたて投資枠と成長投資枠の併用が可能

新NISAでは、従来のつみたてNISAと一般NISAのように選択制ではなく、**つみたて投資枠（年間120万円）と成長投資枠（年間240万円）の併用が可能**になりました。

これにより、1年間に最大360万円まで投資ができるようになります。

しかし、初心者の方なら、つみたて投資枠だけでもじゅうぶんです。

なぜなら、**つみたて投資枠だけでも年120万円、月に直すと10万円まで積立可能だからです。**

成長投資枠は年120万円以上の投資をしたい方、もしくは積立投資ではなく、相場を見てのスポット投資がしたい方などが利用することになるでしょう。

また成長投資枠でしか選べない投資商品もあるので、それについては第2章で詳しく解説します。

ちなみに、資金に余裕がある方は、先ほどの生涯投資枠1800万円を最速で埋めることを考えるでしょう。

新NISAの非課税枠は年360万円なので、5年間の満額投資で上限に達します。

その後は売却しない限り、新NISA口座で新たに投資はできないため、そのまま放置して運用することになります。

資金に余裕があればこのような投資戦略もアリですが、無理な満額投資はしないように気を付けましょう！

生涯投資枠1,800万円は最速5年で埋められる

2028年360万円
2027年360万円
2026年360万円
2025年360万円
2024年360万円

生涯投資枠が埋まった後は売却しない限り新NISAで新たに投資できないため、放置して運用することに

2024年から新NISAで満額投資を始めたら、最速で2028年に生涯投資枠は全て埋まるね！

つみたて投資枠 年120万円と成長投資枠年240万円の併用も可能なので、新NISAでは最大で年360万円の投資ができるよ！
ただし無理な満額投資はしないようにね

第１章のまとめ

・ＮＩＳＡは投資の利益に税金がかからないお得な口座なので、優先して使うのがいい

・新ＮＩＳＡの主な変更点は以下の４つがある

①つみたて投資枠が年間１２０万円、成長投資枠が年間２４０万円に非課税枠が拡大

②非課税期間が無期限になり、いつまでも税金がかからず運用できる

③生涯投資枠が１８００万円に設定され、売却した場合は翌年に再利用可

④つみたて投資枠と成長投資枠の併用も可能で、年間３６０万円まで投資できる

第2章

新NISAでおすすめの商品は？

新NISAで選べる商品のおさらい

新NISAでどんな商品を選べばいいか解説します。

まず、新NISAで選べる商品をおさらいしましょう。

新NISAのつみたて投資枠では、低コストなど一定の要件を満たした約300本の投資信託などが対象です。投資信託は次に解説しますが、様々な株式などが袋詰めになった投資商品だと思ってください。

一方、**成長投資枠では、トヨタ自動車のような上場株式や、あるいは数千本もの投資信託など、つみたて投資枠よりも幅広い商品が選べます**。

この背景としては、最初のNISA制度となる一般NISAが、個人の資産形成を後押しするために2014年に始まりました。

しかし、一般NISAでは手数料が高い投資信託も対象であったため、銀行や証券会社が高コストな投資信託ばかりを顧客に勧める問題が蔓延(まんえん)していました。

そこで金融庁からメスが入り、2018年に誕生したつみたてNISAでは対象商品がかなり限定されました。

具体的には、**投資信託を購入する際にかかる販売手数料がゼロ(ノーロード)、年間の保有コストである信託報酬は一定水準以下など、金融庁が定める一定の要件を満たした投資信託だけがつみたてNISAの対象**となりました。

そしてこの考え方が、今の新NISAのつみたて投資枠、成長投資枠に引き継がれていると思えばいいでしょう。

つみたて投資枠は、つみたてNISAと同様の商品群で、一定の要件を満たした約300本の投資信託などが選べます。成長投資枠は、一般NISA対象商品とほぼ同様で、上場株式や数千本もの投資信託などが選択できます。

ただし、新NISAは個人の安定的な資産形成を目指す制度と位置付けるため、その目的にふさわしくない毎月分配型や高レバレッジ型の投資信託などは、成長投資枠でも対象外となりました。

新 NISA で選べる商品のおさらい

	つみたて投資枠	成長投資枠
年間の非課税枠	120 万円	240 万円
投資対象商品	低コストなど一定の要件を満たした投資信託など約 300 本（つみたて NISA 対象商品と同様）	上場株式・数千本の投資信託など（毎月分配型や高レバレッジ型の投資信託などは対象外）

具体的には…

販売手数料がゼロ（ノーロード）

信託報酬が一定水準以下（指定インデックス投資信託で国内資産対象は 0.5% 以下など）

販売手数料は購入時に払うコストで、信託報酬は年間でかかるコストだよ！

つみたて投資枠は、コストが高い投資商品が除外されているから、初心者の人にとっても安心して投資できるようになってるね！

まずは投資信託を選んでみよう

さて、新NISAの対象商品が分かったところで、「結局、どの商品に投資すればいいの……？」という疑問があると思います。

初心者の方にまずおすすめしたいのが、先ほど紹介した投資信託です。

投資信託はファンドとも言われますが、「投資を信じて託す」という言葉通り、運用の専門家（運用会社）が投資家から集めたお金を、いろんな株式などに投資する金融商品です。

私も投資信託をメインの投資先としています。その理由は、以下の3つの大きなメリットがあるからです。

①手軽に分散投資ができる
②少額からでも購入できる
③運用する機関が破綻しても資産は守られる

まず**投資信託は、A社、B社、C社、D社など様々な会社の株式が袋詰めになっているイメージを持っておきましょう**。これを1つ買うだけで、それぞれの会社の株を買ったことになります。どこの会社の株を買えばいいか分からないなら、複数の企業にまとめて投資してしまおうという考え方ですね。

この方法のメリットは、たとえばA社の株価が大きく下がったとしても、他の会社の株価が安定していれば、A社にのみ投資していた時と比べて損失は少なく済みます。投資では分散投資が大事とよく言われますが、その分散投資を手軽にできるのが投資信託なのです。**投資信託1つで数百社、数千社に分散投資することもできるので、自分で会社の株式を数百銘柄も購入することを想像すれば、投資信託の素晴らしさが分かります**。

さらに一部の金融機関では、投資信託を100円から購入できるため、新NISAをおこづかい程度の資金から始めることが可能です。

株式投資では数十万円の最低購入額が必要な会社もありますが、投資信託は多くの投資家からお金を集めて投資するので、少額からスタートできます。忙しいサラリーマンや主婦、まとまったお金がない人にも投資信託はピッタリです。

投資信託のもう1つの特徴は、運用機関が破綻しても、投資家の資産はちゃんと守られることです。これは、投資信託には販売会社、運用会社、信託銀行という3つの金融機関が関わっているためです。

販売会社は投資信託を売る銀行や証券会社などで、運用会社は投資信託を作って実際に運用する会社、信託銀行は投資信託の中身である株式などを管理する会社です。

仮に販売会社や運用会社が破綻しても、投資信託を管理しているのは信託銀行なので問題はありません。さらに、信託銀行は投資家から集めたお金を、自社の財産とは区別して管理しています。

これを分別管理といいますが、おかげで信託銀行が破綻した時でも、私たち投資家の資産は保全されます。ただし、運用する機関が破綻しても資産は保全されることと、投資信託を運用した際に損失が発生することは別の問題なので、その点は注意しましょう。

これらの点を考慮すると、**投資信託は万が一の時まで考えて、私たちのお金がちゃんと守られる良い仕組みになっていますね。**これらのメリットからも、新NISAにおいて投資信託は、非常に魅力的な商品だと言えます。

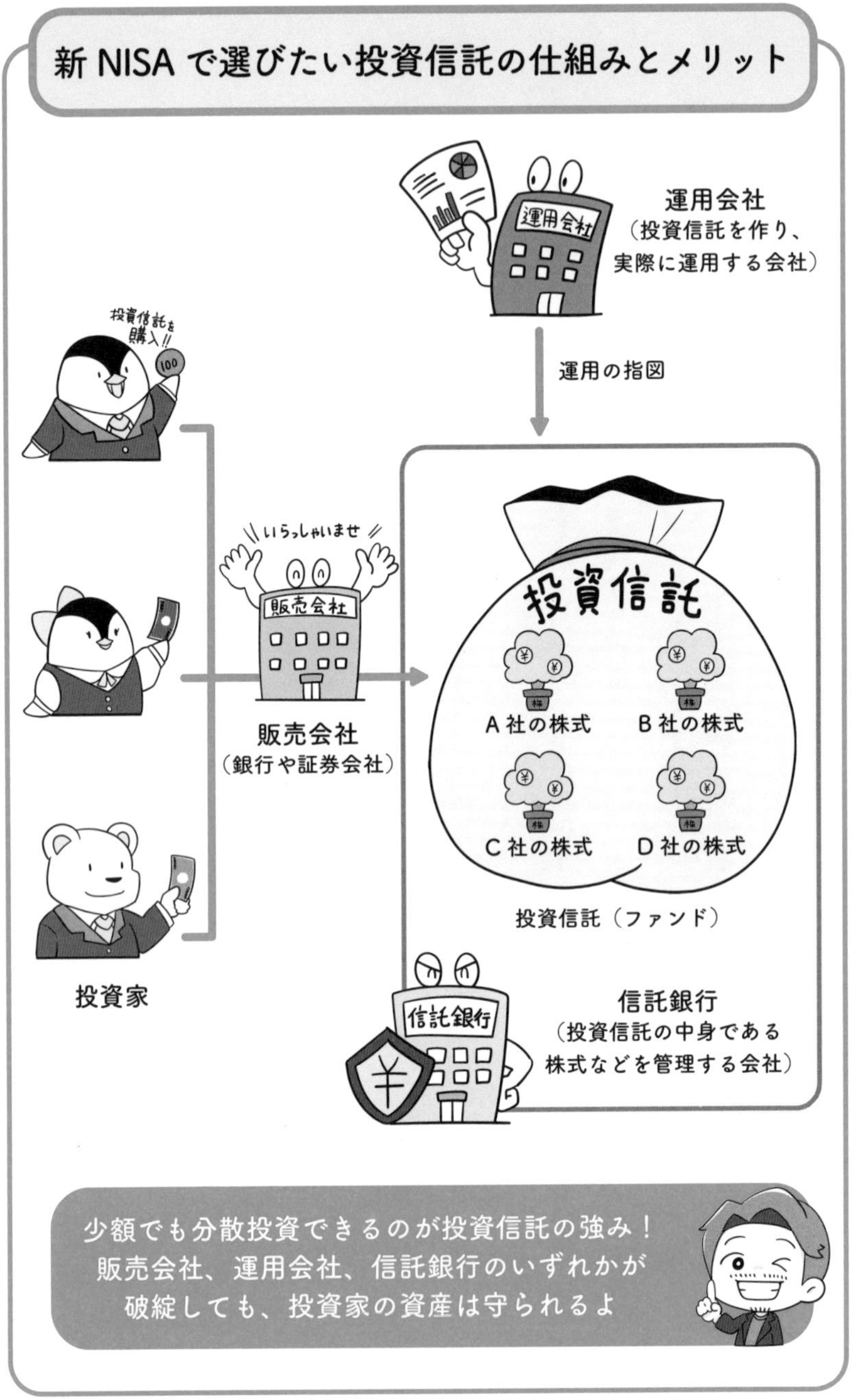
新 NISA で選びたい投資信託の仕組みとメリット
運用会社
運用会社
（投資信託を作り、
実際に運用する会社）
運用の指図
投資信託を
購入!!
100
いらっしゃいませ
販売会社
販売会社
（銀行や証券会社）
投資家
投資信託
A 社の株式
B 社の株式
C 社の株式
D 社の株式
投資信託（ファンド）
信託銀行
信託銀行
（投資信託の中身である
株式などを管理する会社）
少額でも分散投資できるのが投資信託の強み！
販売会社、運用会社、信託銀行のいずれかが
破綻しても、投資家の資産は守られるよ

インデックスファンドの投資信託を選ぼう

投資信託の良さを知ったあとは、新NISAでどの投資信託を選べばいいか気になる人も多いでしょう。そこで、投資信託の種類について詳しく解説します。

投資信託には、大きく分けてインデックスファンドとアクティブファンドの2種類があります。インデックスとは日本語に訳すと指数と言いますが、ここでは**いろんな会社の株価の平均点**だと考えてください。

たとえば、**日経平均株価は、ユニクロを展開するファーストリテイリングや通信系大手のソフトバンクグループなど、日本を代表する企業225社の株価を平均したもの**です。

指数を算出するための平均を求める方法は様々なものがありますが、**多くの企業の株価の**

平均点である指数と同じ動きをするのが、インデックスファンドです。

つまり、日経平均株価に連動するインデックスファンドを買えば、国内の大企業225社の株価の平均点に投資することになります。

分かりやすく説明すると、投資信託は様々な株式が袋詰めになった商品であるため、インデックスファンドを買えば、それらの株式の平均点に投資できると考えればいいでしょう。

ちなみに、新NISAに合わせた各運用会社間の競争もあって、**インデックスファンドのコストは年0.1%を下回る銘柄も珍しくはなく、驚くほどの低コスト**となりました。

一方、**アクティブファンドは、指数を上回る成果を目指す投資信託です**。

投資信託は運用の専門家である運用会社にお金を託すと解説しましたが、アクティブファンドの場合、運用会社の運用担当者（ファンドマネージャー）が値上がりしそうな会社を探して投資を行います。

アクティブファンドは投資する会社を選ぶのに手間がかかるため、インデックスファンドと比べて手数料が高くなることがあります。しかし、その反面、インデックスファンドよりも大きな利益が上げられる可能性もあります。

インデックスファンドとアクティブファンドを比較！

インデックスファンド		アクティブファンド
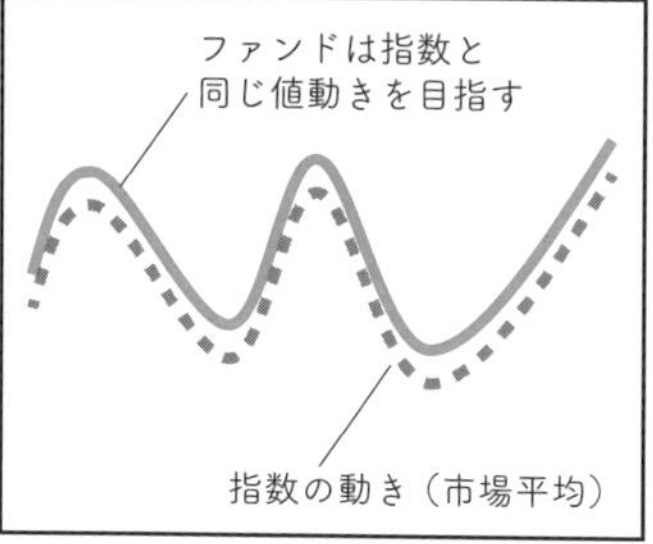		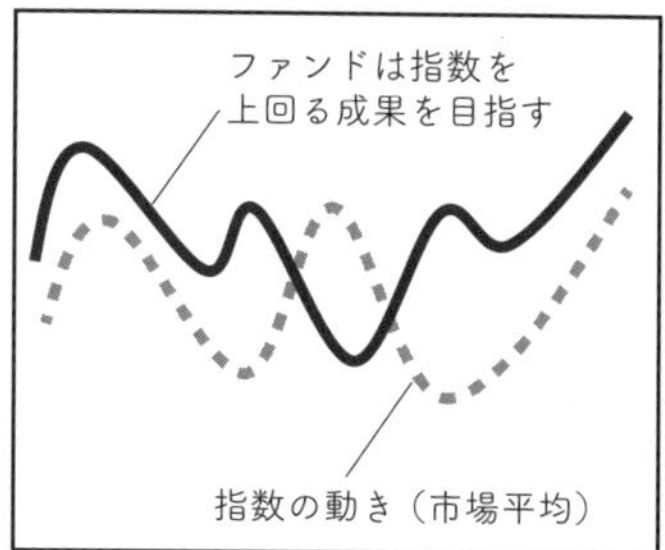
指数に連動した値動きにより、市場の平均点を目指す	運用目的	運用担当者が投資する会社を選別して、指数を上回る成果を目指す
比較的低い（保有コストの信託報酬は、平均で年 0.089％程度）	コスト（手数料）	比較的高い（保有コストの信託報酬は、平均で年 1.14％程度）
eMAXIS Slim シリーズなど	ファンド例	ひふみシリーズなど

投資信託は大きく分けてこの2種類！
新NISAに合わせた各運用会社の競争もあって
インデックスファンドのコストは安くなったね

※インデックスファンド・アクティブファンドともに平均の信託報酬は、2023年12月30日時点の楽天証券における「つみたて投資枠対象銘柄の買付ランキング」上位5銘柄が対象

データ①過去10年の成績で、対象とする指数を下回ったアクティブファンドの割合

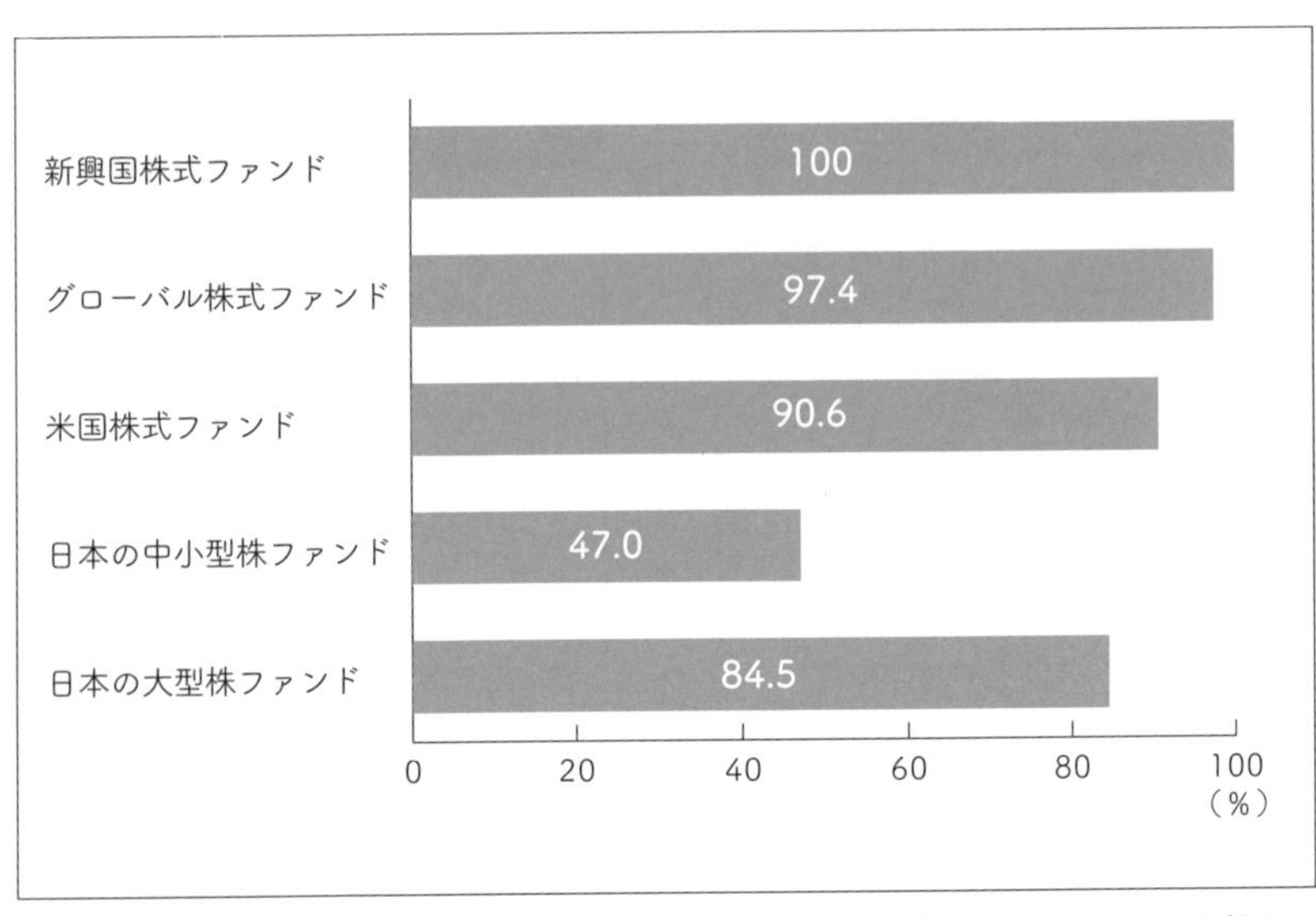

（出所）「SPIVA® Japan Scorecard（Mid-Year 2023）」より筆者作成。各ファンドと比較する指数は次の通り。日本の大型株ファンドはS&P/TOPIX150指数、日本の中小型株ファンドはS&P日本中小型株指数、米国株式ファンドはS&P500、グローバル株式ファンドはS&Pグローバル1200指数、新興国株式ファンドはS&PエマージングBMI指数

その上で**おすすめなのが、指数に連動するインデックスファンド**です。

実際、アクティブファンドは指数を上回る成果を目指すものの、インデックスファンドに勝てないケースも多いのです。

データ①は、過去10年間に、日本で運用されているアクティブファンドが、対象とする指数を下回った割合です。

日本の中小型株ファンドで47%、それ以外は80%以上がインデックスファンドに負けていることが分かります。

もちろん、インデックスファンドよ

り成績がいいアクティブファンドも存在するので、必ずしもアクティブファンドがすべてダメというわけではありません。

しかし、いいアクティブファンドを見つけるには、運用会社の投資方針や運用担当者、運用実績などを詳しく調べるのに時間がかかるので、手間をかけたくないという人には合わないでしょう。

このインデックスファンドを買って運用することをインデックス投資といいますが、**とにかく楽ちんな投資がしたい人は、新NISAでインデックス投資をまず始めてみましょう。**

王道の全世界株式のインデックスファンドとは？

さあ、いよいよ本題となりますが、新NISAでおすすめの商品をズバリお伝えしますね。

それは、**つみたて投資枠でも成長投資枠でも選択する銘柄は同じで、「全世界株式のインデックスファンド」**です。

データ②には、MSCI ACWI Indexという、全世界株式の代表的な指数の過去のグラフが示されています。

これは、先進国23カ国、新興国24カ国の株式市場の時価総額（株価×発行済株式数）を平均化したもので、約35年間のデータを見ると、ずっと右肩上がりが続いています。

世界中の会社に投資して、あとはその株をずっと持ち続けておくだけでお金が増えたことになるので驚きですね。

データ②全世界株式と国内株式に連動する指数の比較

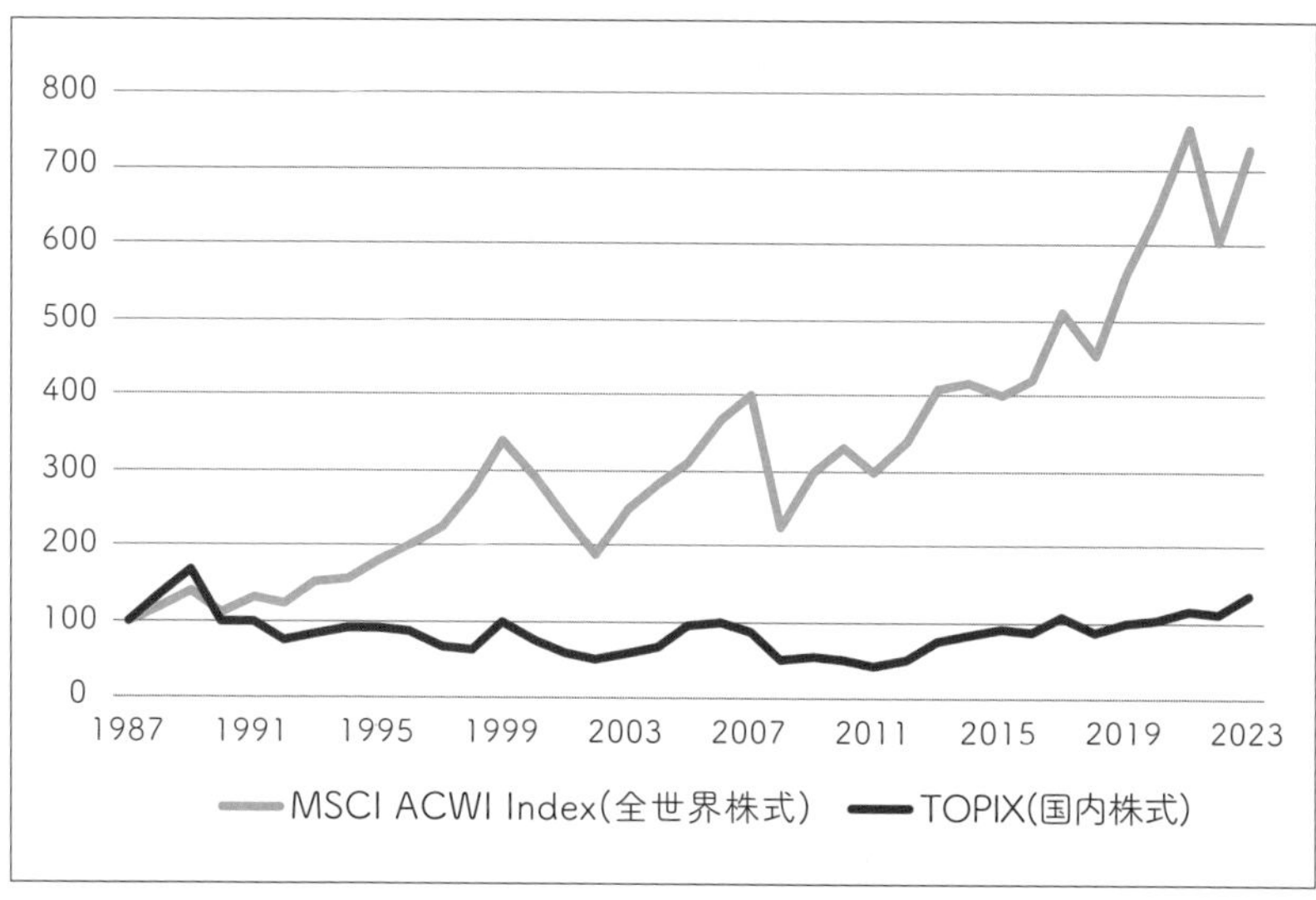

(出所) MSCI「End of day index data search」、日本取引所グループ (JPX)「TOPIX (東証株価指数)」より筆者作成。MSCI ACWI (All Country World Index)、TOPIX ともに1987年＝100とした値。対象期間は1987〜2023年

また国内株式の代表的な指数であるTOPIX(東証株価指数)と比べても、全世界株式の方が成長が著しいことは一目瞭然です。

このグラフの始まりである1987年は、日本がちょうどバブルの頃だったこともありますが、TOPIXは長い間でほとんど成長していない時期もありました。

一方、全世界株式への投資は、約35年間で7倍以上の成長を遂げています。

もちろん短期的にはマイナスになる時期もありますが、長い目で見て投資を続けていれば、利益はじゅうぶん期待できます。

データ③全世界株式に連動する指数と世界の名目 GDP の推移

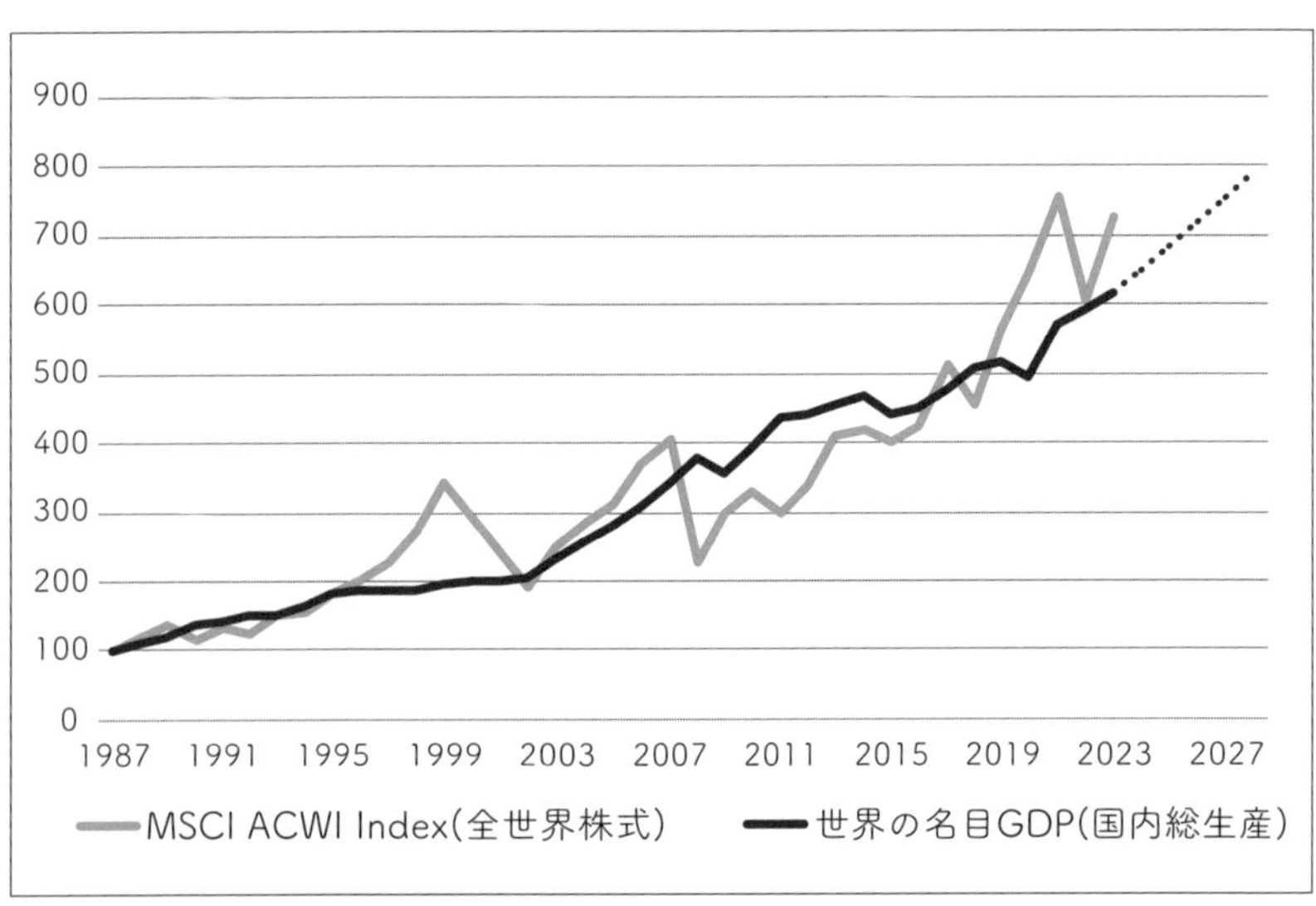

（出所）IMF「WORLD ECONOMIC OUTLOOK（October 2023)」、MSCI「End of day index data search」より筆者作成。MSCI ACWI（All Country World Index)、世界の名目 GDP ともに 1987 年＝100 とした値。対象期間は 1987 ～ 2023 年で、2024 年以降の GDP 推移は IMF における予測

ただし、本当に全世界株式は今後も成長が期待できるのか、疑問を持つ人もいるでしょう。

私の考えとしては、全世界株式の指数と世界全体の名目GDP（国内総生産）はおおむね連動していて、**世界全体のGDPは今後も上昇していくと予想されているので、将来的にまだまだ上昇が見込めると思っています。**

GDPは聞きなれない言葉だと思いますが、ようするに経済の規模を表すモノサシだと思ってください。

データ③に示された全世界株式に連動する指数と世界の名目GDPの推移を見

てみると、両者がともに上昇してきたことが一目で分かります。

つまり世界全体で見た時に、経済はこれからも成長していくので、世界の株価も上がっていくだろうと考えることができます。

GDPが成長し続ける要因には、人口増加や新たなテクノロジーの誕生などがあります。特に世界の人口は、2100年までは増え続けると予測されているため、今後も世界経済が成長する後押しになりますし、私たちは全世界株式を買うだけでその恩恵を受けることができます。

この全世界株式こそ、限りなく全体に分散投資するという意味で、インデックス投資における王道とも言えますね。しかし、インデックス投資はけっして万能というわけではなく、急激にお金を増やすのはなかなか難しいです。

過去のデータを見ると、全世界株式でも、約35年間の平均としては年7%程度のプラスでした。年7%というと、1万円投資したら、来年には700円くらいの利益が出ているイメージです。

しかも近年の株式市場は比較的好調だったので、今後は年４～５％程度の平均利回りを想定するのがいいかもしれません。

これを聞くと、インデックス投資が思ったよりしょぼいものだなと、がっかりされる方もいるでしょう。

ただ長く運用を続けることで、先ほどの全世界株式のグラフのように、将来大きく増やすことが期待できます。

特に新ＮＩＳＡは、非課税期間が無期限という大きなメリットがあるので、コツコツ続けるインデックス投資との相性は抜群と言えますね。

いずれにしろ、インデックス投資は時間を味方につけて、じっくりと増やしていくものだと思っておきましょう。

おすすめの全世界株式インデックスファンドは、この３つが低コストで人気です。

①ｅＭＡＸＩＳ　Ｓｌｉｍ全世界株式（オール・カントリー）
②楽天・オールカントリー株式インデックス・ファンド
③はじめてのＮＩＳＡ・全世界株式インデックス（オール・カントリー）

特にｅＭＡＸＩＳ　Ｓｌｉｍシリーズは、ラインナップも充実していて、コストが安いインデックスファンドの代表格にもなっているので、覚えておくといいでしょう。

先ほども述べましたが、近年はインデックスファンドの手数料競争が激化していて、保有コストである信託報酬が年０・１％未満のファンドも出てきているため、仮に１万円でインデックスファンドを買って１年間運用したとしても、信託報酬は10円もかかりません。

非常に手数料が安いインデックスファンドは、私たち投資家にとって大変ありがたい商品だと言えるでしょう。

ちなみに先ほどのおすすめ全世界株式インデックスファンド３銘柄は、今回紹介したＭＳＣＩ　ＡＣＷＩ　Ｉｎｄｅｘに連動しています。

ＭＳＣＩ　ＡＣＷＩ　Ｉｎｄｅｘにおける各国の構成比率を見ると、現状は米国が約62％とかなり高くなっています。

ＭＳＣＩ　ＡＣＷＩ　Ｉｎｄｅｘの構成比率は各国の株式市場の時価総額の増減によって変わりますが、今はそれだけ世界的に見ても、米国の株式市場の規模が大きいと言えます。

次項では、そんな米国株に注目していきましょう。

全世界株式のインデックスファンドのおすすめはこの3銘柄！

ファンド名	連動する指数	信託報酬（税込）
eMAXIS Slim 全世界株式（オール・カントリー）（運用会社：三菱 UFJ アセットマネジメント）	MSCI ACWI Index（世界の大型〜中型株約3,000銘柄）	年0.05775％
楽天・オールカントリー株式インデックス・ファンド（運用会社：楽天投信投資顧問）		年0.0561％
はじめてのNISA・全世界株式インデックス（オール・カントリー）（運用会社：野村アセットマネジメント）		年0.05775％

MSCI ACWI Index における各国の構成比率

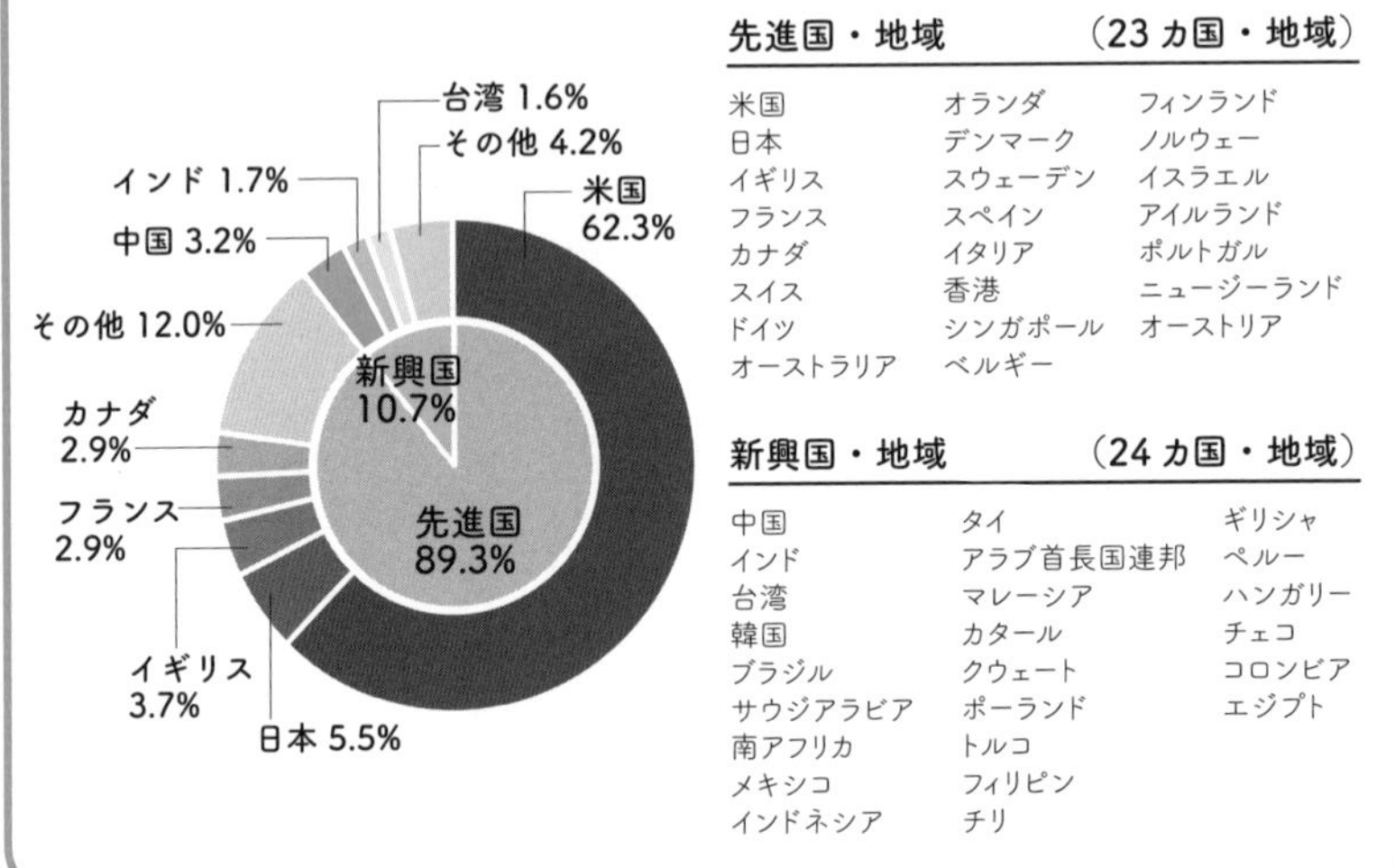

先進国・地域（23カ国・地域）

米国、日本、イギリス、フランス、カナダ、スイス、ドイツ、オーストラリア、オランダ、デンマーク、スウェーデン、スペイン、イタリア、香港、シンガポール、ベルギー、フィンランド、ノルウェー、イスラエル、アイルランド、ポルトガル、ニュージーランド、オーストリア

新興国・地域（24カ国・地域）

中国、インド、台湾、韓国、ブラジル、サウジアラビア、南アフリカ、メキシコ、インドネシア、タイ、アラブ首長国連邦、マレーシア、カタール、クウェート、ポーランド、トルコ、フィリピン、チリ、ギリシャ、ペルー、ハンガリー、チェコ、コロンビア、エジプト

（出所）各投資信託の目論見書より筆者作成。MSCI ACWI Index における各国の構成比率は2023年9月時点の数値。※表示桁未満の数値がある場合、四捨五入

今や大人気の米国株式インデックスファンド！

全世界の株式に幅広く投資するのがインデックス投資の王道と解説しましたが、中身の半分以上は米国株が占めています。

米国株への投資は、日本でもかなり流行っています。たとえばＧｏｏｇｌｅやＡｐｐｌｅ、Ａｍａｚｏｎ．ｃｏｍが米国企業だということを知っている方も多いでしょう。

いずれも、日本でも当たり前のように使われている商品やサービスなので、それだけ私たちの生活に米国のＩＴ企業が根付いていることが分かります。

そんな今を時めくＩＴ企業の牽引もあり、近年の米国株式の伸びは凄まじいものがあります。データ④はＳ＆Ｐ５００と呼ばれる、米国の代表的な企業５００社の時価総額を平均した指数です。**先ほどの全世界株式の指数であるＭＳＣＩ　ＡＣＷＩ　Ｉｎｄｅｘと比較してみると、米国株がどれだけ成長しているかが一目で分かります**。

データ④全世界株式と米国株式に連動する指数の比較

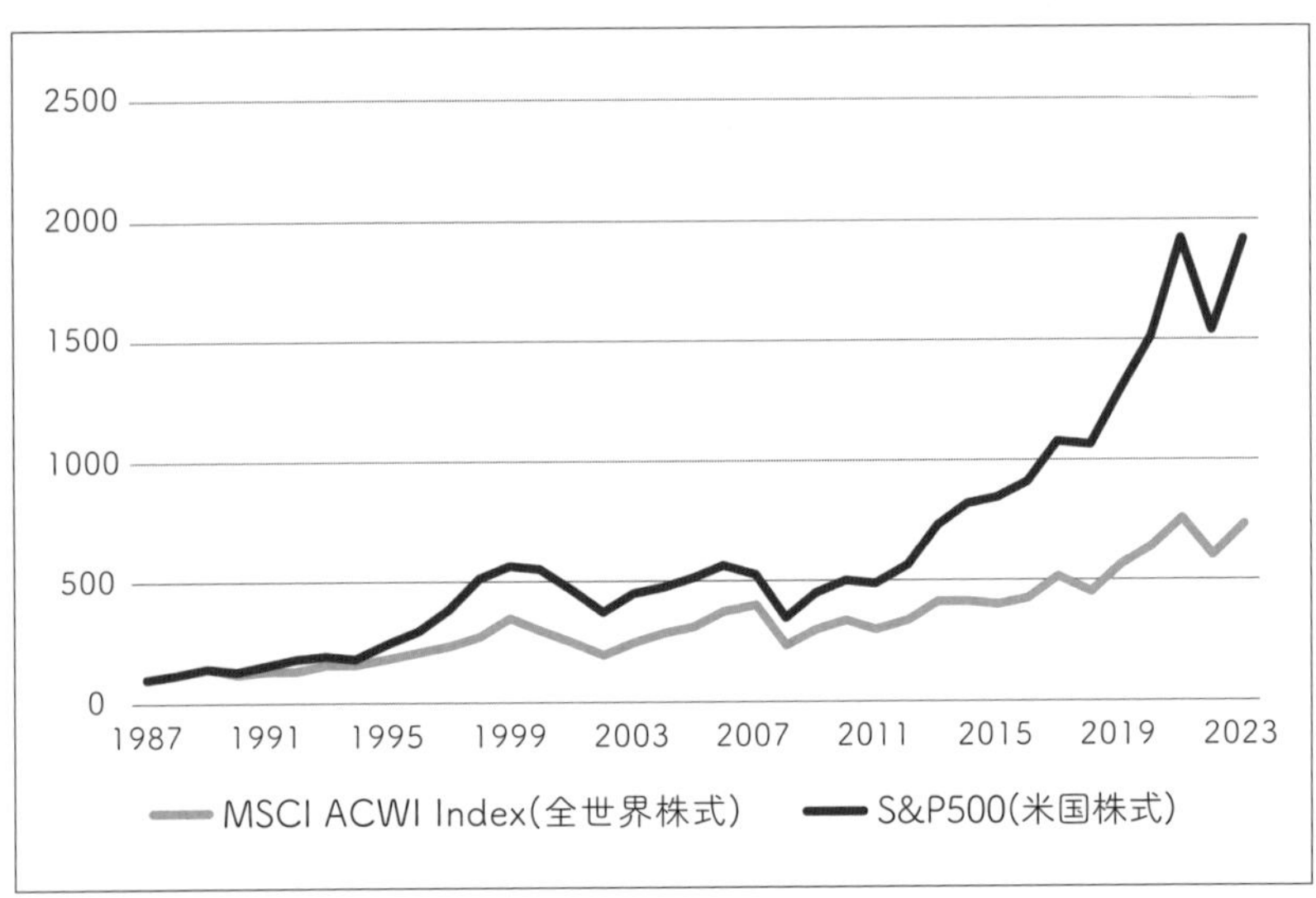

(出所)MSCI「End of day index data search」、Yahoo! ファイナンスより筆者作成。MSCI ACWI(All Country World Index)、S&P500 ともに 1987 年= 100 とした値。対象期間は 1987 ～ 2023 年

米国株式は過去35年で約20倍にもなったので、驚きですね。

このグラフを見れば、米国株に投資する人が増えているのも頷(うなず)けるでしょう。

そんな**米国の魅力は他にもあり、先進国の中では珍しく、今後も人口の増加が予想される国**と言われています。

データ⑤は、国連のデータを基にした米国と日本の人口推移予想です。

米国は2100年まで人口が増える見込みになっていて、一方の日本は右肩下がりにどんどん人口が減っていくと予想されています。

米国の人口が増える大きな理由は、移民の受け入れで、過去にも毎年約100万

データ⑤米国と日本の人口推移予想

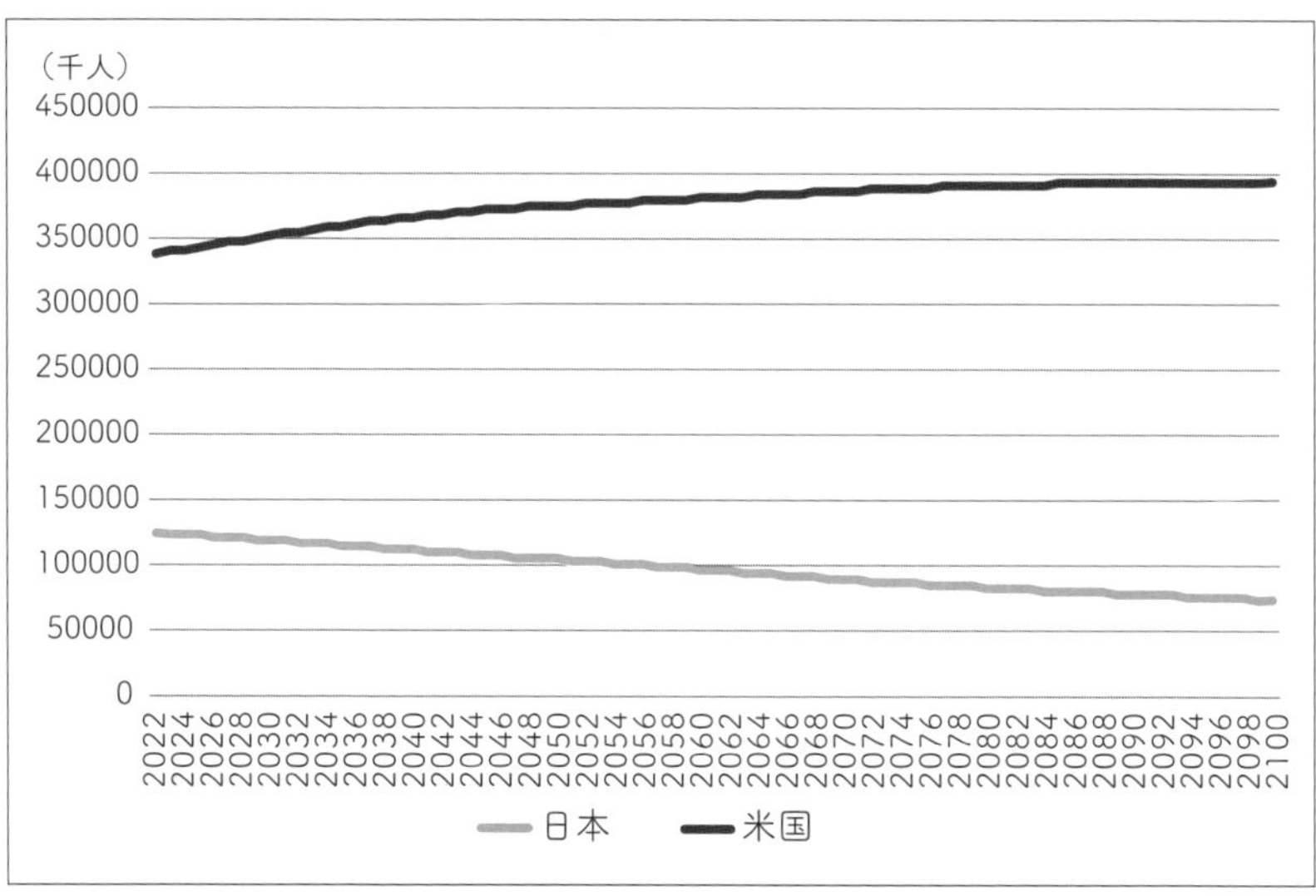

（出所）United Nations「Probabilistic Population Projections based on the World Population Prospects 2022」より筆者作成。対象期間は 2022 ～ 2100 年

人の移民を受け入れてきました。

人口が増えれば国内の経済活動は活発になって、若い労働力も確保できるため、国の成長につながっていきます。

反対に**日本は人口減少だけでなく少子高齢化問題もあるので、なかなか厳しい**と言わざるを得ないでしょう。

ちなみに、人口が増加している国と言うと、中国やインドも気になるでしょう。

特にインドは私も注目していますが、2023年半ばに中国を抜いて人口が世界1位になって話題になりました。

ただ**悩ましい点として、新興国は政治・経済・社会情勢が不安定なため、いわゆるカントリーリスクが高く、株価の変動も比較的大きい傾向があります。**

そのため、新NISAにおけるメインの投資対象には、なかなか選びにくい面があります。

ただし、**米国株式であっても、他の国より必ず伸びるとは限らないことは覚えておきましょう。**たしかに今は米国株が盛り上がっていますが、時期によっては、新興国株や日本株が米国株より伸びていた時はありました。そういったリスクがあるため、あえて特定の国を選ばず、世界中に分散投資しておくのがインデックス投資の根本的な考え方なのです。

ひとまず**新NISAにおいて、できるだけ幅広く分散投資しておきたいなら全世界株式、米国の今後の成長に確信が持てるなら米国株式を選ぶといいでしょう。**

米国株式インデックスファンドについても、おすすめの投資信託を3つ紹介します。

①eMAXIS Slim米国株式(S&P500)
②楽天・S&P500インデックス・ファンド
③SBI・V・全米株式インデックス・ファンド

一番人気があるeMAXIS Slim米国株式(S&P500)は、今回紹介した米国株式の代表的な指数S&P500に連動しています。

S&P500の中身を見てみると、やはり上位の銘柄はMicrosoftやApple、Amazon.com、など巨大IT企業が占めていることが分かりますね。

米国株式のインデックスファンドのおすすめはこの3銘柄！

ファンド名	連動する指数	信託報酬（税込）
eMAXIS Slim 米国株式（S&P500）（運用会社：三菱UFJアセットマネジメント）	S&P500（米国の大型株約500銘柄）	年0.09372%
楽天・S&P500インデックス・ファンド（運用会社：楽天投信投資顧問）		年0.077%
SBI・V・全米株式インデックス・ファンド（運用会社：SBIアセットマネジメント）	CRSP US Total Market Index（米国の中型～小型株まで含めた約4,000銘柄）	年0.0938%

S&P500における上位10銘柄の比率

順位	銘柄	比率
1	MICROSOFT CORP	7.0%
2	APPLE INC	7.0%
3	AMAZON.COM INC	3.4%
4	NVIDIA CORP	2.9%
5	ALPHABET INC-CL A（Google）	2.4%
6	META PLATFORMS INC-CLASS A	1.9%
7	BERKSHIRE HATHAWAY INC-CL B	1.7%
8	TESLA INC	1.5%
9	ALPHABET INC-CL C（Google）	1.5%
10	UNITEDHEALTH GROUP INC	1.4%

米国の大企業500社を対象とした株価指数のS&P500はよく出てくるので覚えておこう！上位銘柄は現状、今を時めくIT企業ばかりだね

（出所）各投資信託の目論見書より筆者作成。S&P500における上位10銘柄の比率は2023年10月時点の数値

全世界株式・米国株式への投資で大事な為替リスクとは？

さて、**全世界株式と米国株式に投資するなら、為替リスクについてもかならず知っておきましょう**。

全世界株式や米国株式のような海外への投資は、日本円と外国通貨を交換する際の為替レートが変動する為替リスクがあり、円安もしくは円高の影響を受けます。

円安と円高は混乱する人も多いですが、**頭に「円の価値が」とつけると理解しやすい**です。

たとえば、日本円と米ドルの為替レートが1ドル＝100円だったとして、ある日、1ドル＝120円に変動したとします。

そうすると1ドル両替するのに100円で済んだのが120円払わないといけなくなり、円の価値が安くなったので、円安と言います。

円安・円高のイメージを持とう

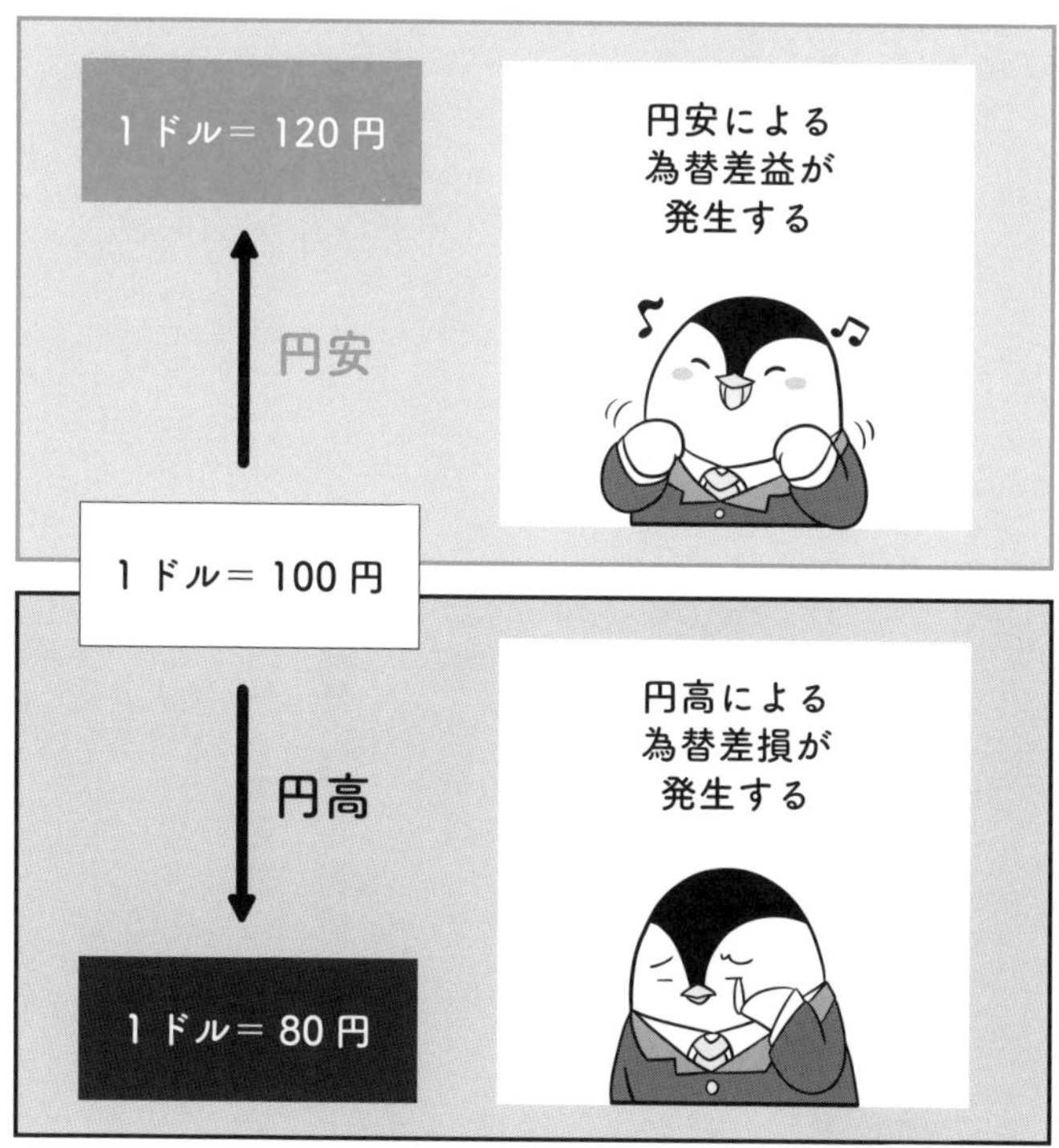

円の価値が安くなるか
高くなるかに注目して
考えればいいんだね

全世界株式や米国株式で米ドル建ての
資産を持っていると、日本円と米ドルの
為替変動により利益や損失が発生するよ！

反対に、１ドル＝80円に為替レートが変動したとすると、今まで１００円払わないと両替できなかったのに80円で済むようになり、円の価値が高くなったので、円高と言います。

ここで１ドル＝１００円の為替レートで１ドル両替した後、円安によって１ドル＝１２０円に変動したら、再度両替して日本円に戻すと20円の利益になります。

反対に円高によって１ドル＝80円に変動すると、再度両替した際は20円の損失になってしまいます。このように、**円安は為替による利益を生み、円高は為替による損失を生む要因**となるのです。

その上で全世界株式や米国株式への投資は、為替の変動により損することもあります。

ある米国株式の株価が30ドルだとしたら、１ドル＝１００円の時の円建て評価額は３０００円（30ドル×１００円）となります。

その後、米国株式の株価が35ドルに上がっても、１ドル＝80円と円高に傾いた際の円建て評価額は２８００円（35ドル×80円）と、為替差損によって２００円の損失を抱えてしまうのです。

データ⑥は日本円と米ドルの為替チャートを示していますが、足元の２０２２~２０２３

データ⑥日本円と米ドルの為替チャート

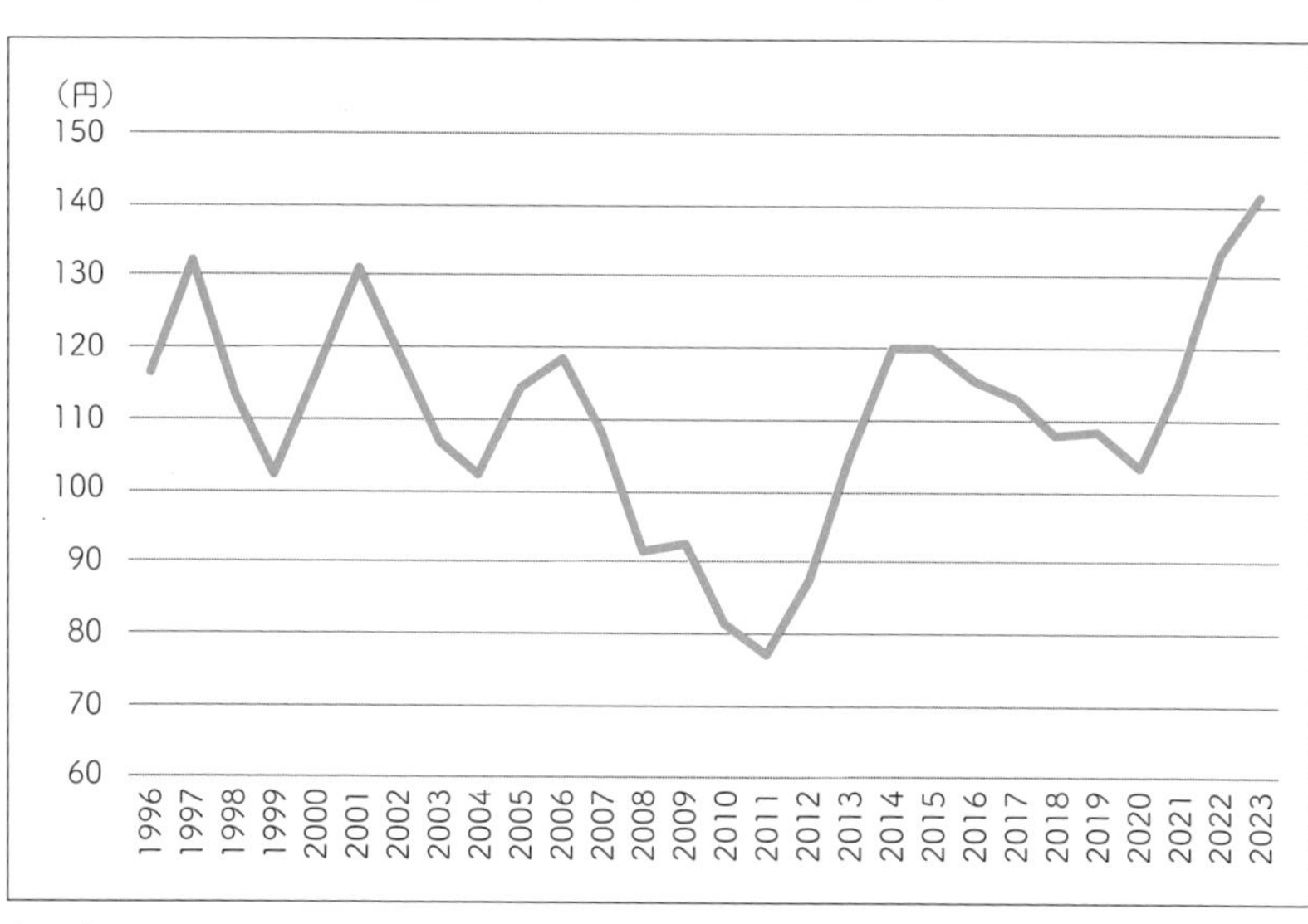

（出所）Yahoo! ファイナンスより筆者作成。対象期間は1996〜2023年

年は一時1ドル＝150円台と、歴史的な円安を記録したことでも話題になりました。

そうなると怖いのは、円安時に投資した後で円高に傾くと、それだけ為替の損失が発生することでしょう。

ただ新NISAで長期の投資を前提とするなら、為替リスクはそこまで心配しすぎなくてもいいと自分は考えています。

なぜなら先ほど全世界株式と米国株式の過去のグラフを確認しましたが、長い目で見て右肩上がりが続いていることが分かりましたね。

過去35年間で、全世界株式は約7倍、米国株式は約20倍にも上昇しています。

つまり、**投資した時より円高になったことで、為替で多少損したとしても、長期運用による株価上昇の方が期待できるはず**です。

なので、足元の為替相場はあまり気にしすぎず、思い立ったタイミングで新NISAを始め、あとはじっくり気長に運用していけばOKでしょう。

ちなみに為替による損失を防ぐために、為替ヘッジを利用する方法もあります。

為替ヘッジありの投資信託なら、将来の為替レートを先に取引するため、円高の損失が抑えられるメリットがあります。

ただし為替ヘッジを行うには手数料（ヘッジコスト）がかかり、また円安での利益も享受できないデメリットには注意しましょう。

長期の投資を前提とするなら、やはり為替リスクはそこまで心配しすぎず、為替ヘッジなしを選ぶのがいいでしょう。

配当が欲しければ高配当株投資も試してみよう

それでは新NISAで選びたい銘柄として、最後に高配当株投資についても知っておきましょう。

初心者の方には少し難しい内容も含まれますが、簡単に言えば、投資額に対して、毎年だいたい3％くらいのお金がもらえるイメージです。

たとえば、**10万円を高配当株に投資したら、毎年、税引き前で約3000円（年4回分配なら1回あたり750円程度）が手に入ります**。

インデックス投資と高配当株投資はよく比較されますが、インデックス投資は市場の平均点を示す指数と同じ値動きを目指し、長期の値上がり益を狙う投資方法でしたよね。インデックス投資では基本、配当金はありません。

一方、**高配当株投資は金の卵を産むニワトリを持つイメージで、成熟した企業などの配当**

利回りが高い株式を選ぶことで、多くの配当金を狙う投資です。

高配当株投資ですとやはり米国株が人気で、株主還元に積極的な企業が多いと言われます。たとえば製薬・医療機器などで有名なジョンソン・エンド・ジョンソンや、コカ・コーラやアクエリアスでお馴染みのコカ・コーラは、なんと60年以上連続で配当が増える増配を実現しています。

なお、高配当株投資といっても、投資する銘柄の株価が上昇すれば、配当金とは別に値上がり益も享受できます。

また、インデックス投資を行うためのインデックスファンドは、新NISAのつみたて投資枠でも成長投資枠でも選べますが、高配当株は基本、つみたて投資枠では選べず、成長投資枠で選択することになります。

高配当株投資は株式であれば配当金、投資信託なら分配金を受け取れますが、その最大のメリットは、定期的にお金をもらって投資を楽しく続けられることでしょう。

高配当株投資は私も長く続けていますが、**3カ月に一度などの頻度で配当金がもらえるのはとても嬉しく、投資を続けるモチベーションになります**。

インデックス投資と高配当株投資の比較

インデックス投資		高配当株投資

市場の平均点を目指し、長期の値上がり益を狙う（配当金は基本、なし）	運用目的	成熟した企業などの配当利回りが高い株式を選ぶことで多くの配当金を狙う
配当金が出ない分、将来の値上がり益が大きく期待できる	メリット	定期的に配当金を受け取って投資を楽しく続けられる、出口戦略は基本、不要でもOK
売却しないと現金化できない、将来的にいつ売るかの出口戦略を考える必要もあり	デメリット	配当金を受け取る分、将来の値上がり益が減ることにはなる

新NISAにおいて、インデックスファンドはつみたて投資枠でも成長投資枠でも選べるけど、高配当株は基本、成長投資枠で選択になるよ！

一方のインデックス投資は基本、配当金がないため、売却しないと現金化（利益の確定）ができず、運用中は実質的に手元からお金が出ていくことになり、投資を続けるのが苦行と感じる時もあるかもしれません。

また、**高配当株投資は将来的にいつ売却するかという出口戦略をあまり考える必要がないのもメリット**でしょう。

売却せずに保有を続けていれば、定期的に配当をずっと受け取ることができるので、売却時における株式相場の下落などの心配も基本、不要となります。私は後ほど紹介するＶＹＭに投資していますが、自分が亡くなるまで生涯保有を考えています。

一方、インデックス投資だと配当金がないこともあり、将来的にいつ売却して現金化するかの出口戦略を考える必要があります。

ただ最近は各金融機関で、投資信託を毎月いくら売却するなどの設定で、自動で売ってくれる定期売却サービスも普及し始めています。

そのため、インデックス投資の出口戦略も比較的考えやすくはなっていますね。

次に、**高配当株投資はもちろんメリットばかりではないので、投資信託の分配金を例に、デメリット**についても詳しくお話しします。

分配金は運用によって得られた収益を、一定期間おきに投資家へ支払う仕組みです。

分配金のもとになるのは、株式の配当金や、株式を売買したことで得た売却益などですが、3カ月に一度などの頻度で私たちはお金を受け取ることができます。

ただし注意点として、分配金は無限に湧いてくるものではなく、投資信託に集まって運用されている資産（純資産総額）から支払われるため、投資信託の値段である基準価額も下がる要因となります。

「基準価額＝純資産総額÷口数（単位）」なので、分配金により純資産総額が減ると、ひいては基準価額も下がるというわけですね。

このように分配金は投資信託の基準価額を下げるデメリットがあることは、必ず知っておきましょう。第1章で複利効果の話をしましたが、**分配金を受け取ることで複利効果が弱まってしまうのです**。

そのため、eMAXIS Slimなどの人気インデックスファンドは、過去に一度も分配金が支払われていませんが、それだけ複利効果が効いて、将来の基準価額の上昇が期待できるとも言えます。

ちなみに、受け取った分配金を再度、新NISAへの投資に回すこともできますが、その際は非課税枠の消費になってしまうのでおすすめはしません。

配当がすぐには不要という人は、高配当株ではなく、インデックスファンドを選ぶのがいいでしょう。

では、高配当株投資のおすすめ銘柄ですが、**米国ETFのVYM、HDV、SPYDが人気**です。ETFは上場投資信託とも言いますが、**米国ETFはニューヨークなどの証券取引所に上場している投資信託**になります。

証券取引所に上場すると、リアルタイムでの取引が可能になるなどの特徴がありますが、今まで高配当株投資で魅力的な投資信託があまりなかったので、米国ETFがよく選ばれていました。

米国ETFの中でも、高配当株を集めた高配当ETFが人気で、VYM、HDV、SPYDは特によく知られています。

人気の高配当 ETF3 銘柄を比較

	VYM	HDV	SPYD
配当利回り（2023 年）	3.21%	3.73%	4.62%
株価（2023 年末）	111.63 ドル	101.99 ドル	39.19 ドル
経費率	0.06%	0.08%	0.07%
銘柄数	約 400	75	80
構成銘柄の特徴	銘柄数最多で分散が効いている	財務健全性を考慮して構成	均等配分で構成
分配月	3・6・9・12 月		

※米国株・米国ＥＴＦは、配当金や分配金に対して米国で 10％課税され、国内でも約 20％課税される。ただし新ＮＩＳＡ口座で投資すれば、国内課税約 20％は非課税に。なお、売却益に対して米国課税はなく、国内課税のみかかる

私も投資しているVYMは、配当利回りが約3％と一番低いですが、構成銘柄が約400と最も多く分散が効いています。

またVYMは過去10年以上連続で増配が続いている安定感などから、高配当ETFの代表格とも言われていますね。

高配当株投資は足元の配当利回りだけを見るのではなく、過去の配当実績が安定して推移しているかも重要です。

初心者の方はまずVYMから選んでみるといいでしょう。

ただし、米国ETFは米国株と同じで、1株単位での購入になるので、VYMなら1株買うのに1万～2万円程度かかってしまいます。

ただ新NISA開始に合わせて様々な投資信託が誕生するなかで、投資信託でVYMへ投資できる「SBI・V・米国高配当株式インデックス・ファンド（年4回決算型）」なども登場しました。

これなら月100円からでもVYMへ実質的に投資が可能となり、分配金ももらえるので、手軽に高配当株投資を始めたい人にピッタリでしょう。

また、新NISAで受け取った配当金や分配金は、国内課税約20%は非課税となります。しかし、今回紹介したような**米国株に投資する商品だと、配当金や分配金に対して米国で10%課税**されます。

なので、VYMから税引き前で3000円の分配金を受け取っても、手元に残るのは米国課税10%を引いた2700円となります。これは、米国株に投資する上で仕方ないことなので、そこまで気にしなくてもいいでしょう。

高配当株投資についての紹介は以上です。

新NISAのつみたて投資枠でインデックス投資、成長投資枠で高配当株投資といったように両方試してみる形もアリですよ。

配当に興味がある人は、ぜひ高配当株投資にもチャレンジしてみてください。

第2章のまとめ

・新NISAで選ぶ銘柄は基本、つみたて投資枠でも成長投資枠でも、全世界株式もしくは米国株式のインデックスファンドでOK

・全世界株式のインデックスファンドは、限りなく全体に分散投資するのでインデックス投資における王道とも言える

・米国株式のインデックスファンドは、近年のパフォーマンスが全世界株式を超えており、インデックス投資で人気が高い

・配当が欲しければ、成長投資枠で高配当株投資にチャレンジするのもアリ

第3章

新NISAを実際に始めてみよう

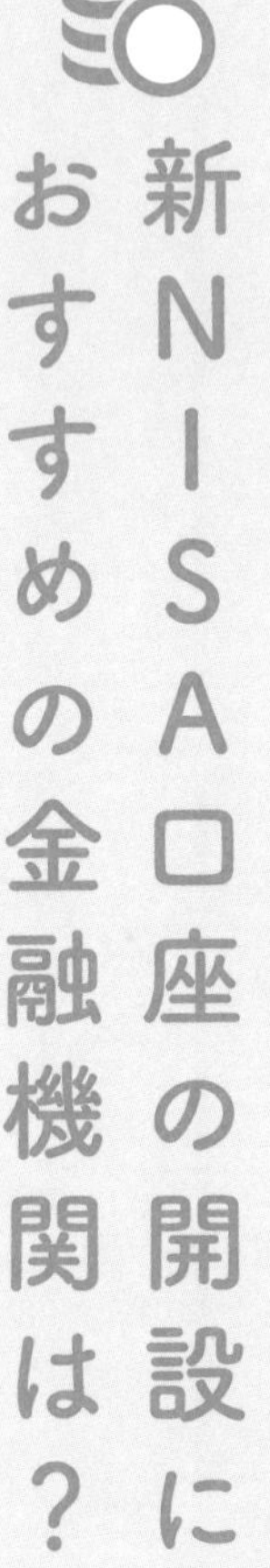

新NISA口座の開設におすすめの金融機関は？

それでは実際に、新NISAを始めるための手順をお伝えします。

手続き自体はまったく難しくなく、やることは大まかに5つのステップで完了します。

①ネット証券で新NISA口座を開設する
②クレカ積立に使うクレジットカードを発行する
③投資する銘柄を決める
④投資に回す金額を決める
⑤投資を始めた後はほったらかしにする

まず、新NISA口座の開設について、前提として、NISA口座はいろんな銀行や証券会社で開設できますが、同じ年に複数の金融機関で利用することはできません。

また、つみたて投資枠と成長投資枠で別々の金融機関を利用することもできず、1つの金融機関しか選択できません。つまり、**ある金融機関で新NISA口座を開設した場合、その年はもう他の金融機関で新NISA口座は開設できない**ため、慎重に選ぶ必要があります。

その上で私のおすすめは、楽天証券やSBI証券などのネット証券です。その理由は、金融機関によって、つみたて投資枠における取り扱いの商品数が異なるからです。

つみたて投資枠の対象商品は、低コストなど一定の要件を満たした投資信託など約300本に限定されていますが、ネット証券ならほとんどの商品がラインナップされています。

一方、大手銀行などでは、つみたて投資枠の取り扱い商品が非常に限られています。たとえば低コストで人気のeMAXIS Slimシリーズは、対面販売の銀行や証券会社などではつみたて投資枠の商品ラインナップに含まれていないことが多いです。

ここで、手数料の差がどれくらいリターンに影響するかの例を見てみましょう。

仮に年間の保有コストである信託報酬が年0・1%の投資信託と年1・0%の投資信託にて、投資元本100万円、運用期間30年、信託報酬控除前の運用利回りを年5%とした時の比較をします。

最終的なリターンは95万6751円もの差が出ているので、たった年0・9%のコストの違いでも、長期の運用成績に与える影響は大きいことが分かります。

特に新NISAは非課税期間が無期限のメリットを活かした長期投資が前提となってくるため、**少しでも低コストの投資信託を選べるネット証券を使うのがベター**と言えるでしょう。

またインデックスファンドは同じ指数に連動するものだと、値動き自体に大きな差はないため、少しでも手数料が安い商品を選ぶことが重要です。

さらに、**ネット証券を選ぶもう1つの理由は、ポイント還元がお得な点**があります。

たとえば楽天証券やSBI証券は、投資信託の積立がクレジットカードでできるので人気が高いですね。

楽天証券なら楽天カード、SBI証券なら三井住友系列のクレジットカードが積立に利用できます。

その上でクレジットカードの種類に応じて、積立額の0・5〜1%程度のポイント還元があります。

コストの違いでリターンは大きく変わる！

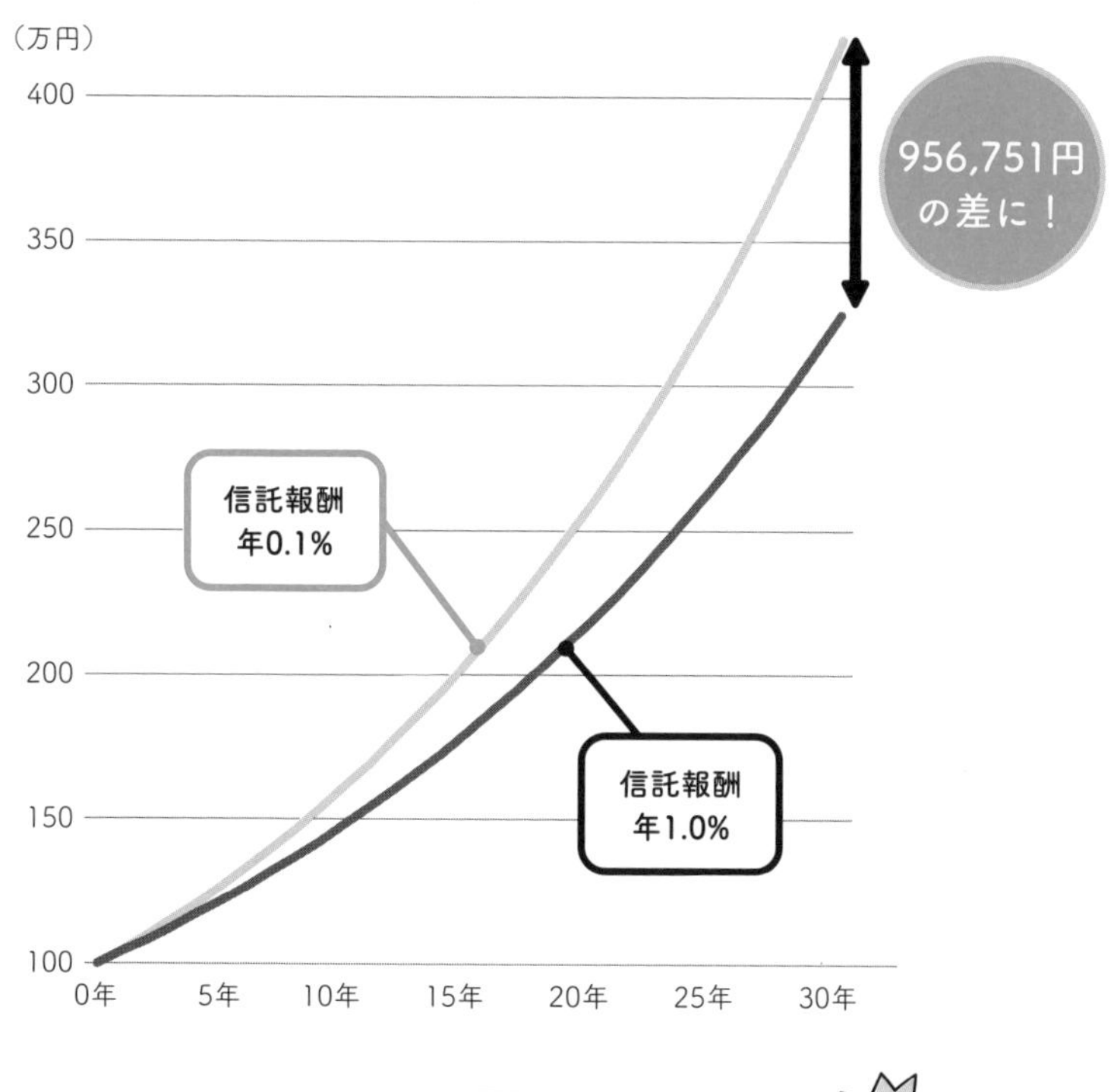

年0.9%とほんの少しのコストの違いでも、
長期の運用成績に与える影響は大きいから
新NISAは少しでも低コストの商品を選びたいね

たとえば、新NISAのつみたて投資枠で、月5万円の積立をクレジットカードで行ったとしたら、毎月250～500ポイントがもらえます。資産運用の延長でポイントが貯まる人気サービスなので、ぜひ活用してみるといいでしょう。

ただし、「**自分が普段利用している近くの銀行や証券会社で始めるのはどうなの？**」という質問もよくいただきます。

実店舗がある金融機関なら、窓口で口座開設や買付注文などの手続きをサポートしてもらえるメリットがあるので、自分一人で手続きを行うのが不安という人はアリだと思います。

ちなみに、どこかの金融機関で新NISAの口座開設をして、他の金融機関に変更する際は、金融機関の変更手続きが必要です。

その変更方法は、第8章のよくある質問で「新NISA口座の金融機関変更ってどうやるの？」にて解説したので、そちらも参考にしてください。

新NISA口座と一緒に開設する特定口座とは？

新NISA口座の開設手続きは、ネット証券であれば公式ホームページから簡単に進めることができます。

ただし、つまずきやすいポイントとして特定口座の選択があります。

これは利益に税金がかかる課税口座の一種で、新NISA口座開設の手続きの際に、課税口座もかならず開設する必要があります。

課税口座には大きく分けて特定口座と一般口座があり、特定口座は損益や税金の計算を証券会社が代行してくれます。

一般口座では自分で行う必要があるため手間がかかるので、基本は特定口座を選択すればOKです。

特定口座は「源泉徴収あり」がおすすめ！

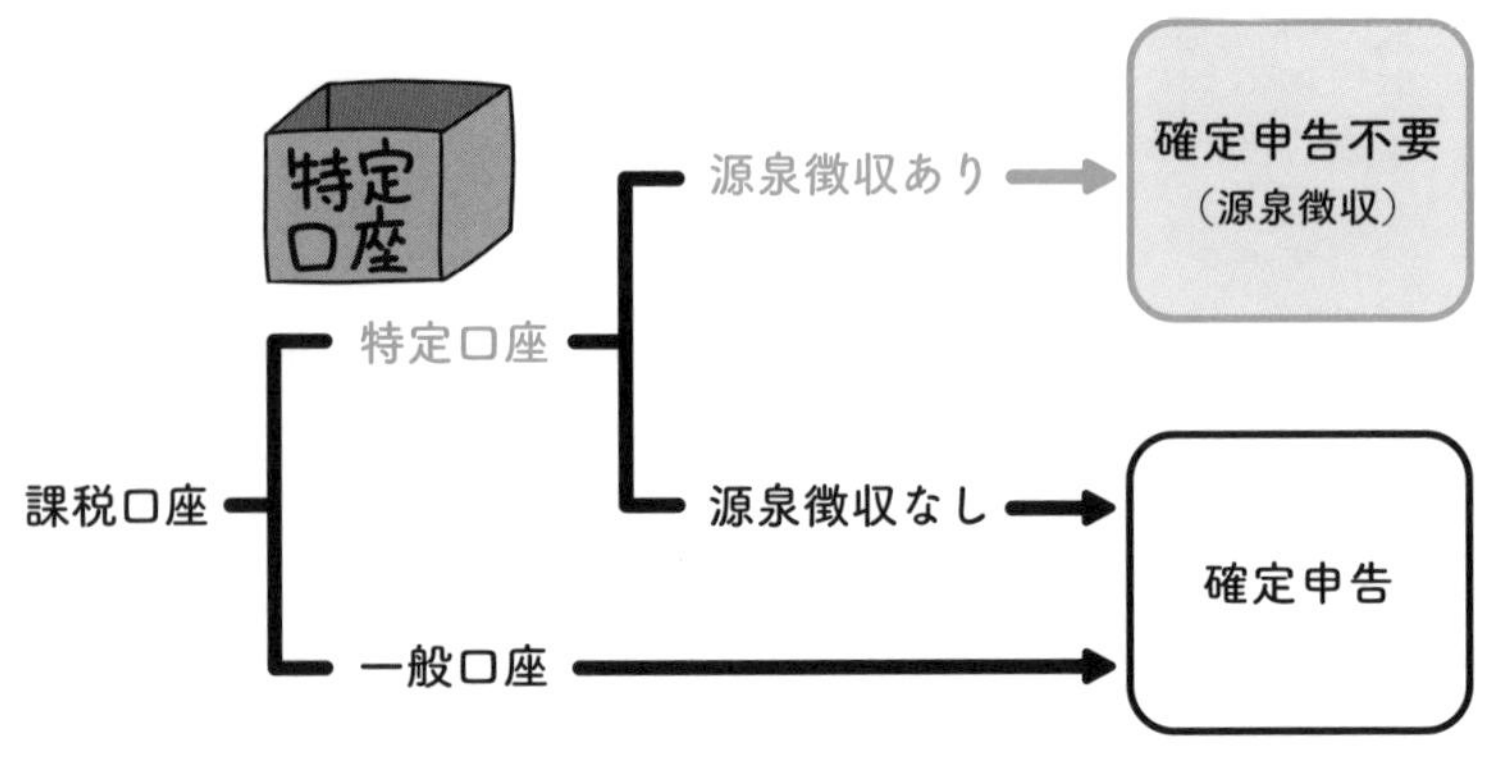

非課税口座 ── 新 NISA 口座（確定申告不要で税金もかからず）

NISA 口座はそもそも
利益が非課税だから
確定申告も不要だね

新NISA口座の開設時に選択する特定口座は「源泉徴収あり」にすれば、特定口座で利益が出た際も確定申告が不要なので楽だよ！

その上で、特定口座には、「源泉徴収あり」と「源泉徴収なし」の選択肢があるので迷ってしまいますが、**おすすめは「源泉徴収あり」**です。「源泉徴収あり」を選んだ場合には確定申告は原則不要で、証券会社が納税まで行ってくれます。

一方で「源泉徴収なし」を選ぶと確定申告が原則必要となりますが、年間20万円以下の利益の場合、確定申告が不要となるケースもあります。

しかし**確定申告が不要となっても住民税の申告は必要となるため、申告の手間を考えると「源泉徴収あり」を選ぶのがいいでしょう。**

ただ、**新NISA口座のみを利用するのであれば、特定口座は基本的には利用しません。**新NISA口座の年360万円の非課税枠よりさらに多く投資したい時などは、特定口座を利用することになりますが、まずは新NISA口座を優先的に使えばいいでしょう。

投資に回す金額はどう決める？

新NISA口座の開設が完了したら、投資する銘柄と投資額を決めましょう。

銘柄に関しては、第2章でお話しした通り、**基本はまずつみたて投資枠にて、全世界株式もしくは米国株式のインデックスファンドでOK**です。月10万円までならつみたて投資枠でカバーできるので、初心者の方は成長投資枠を使わなくても問題ありません。

次に投資に回す金額ですが、**目安として毎月の手取り収入の5～10％での積立を始めてみましょう**。

月の手取りが約20万円なら、月1万～2万円の積立から始めてみるイメージです。これなら無理なく新NISAの投資を始められますし、積立額は後で変更も可能なので、普段の生活に支障が出ない範囲でスタートしていきましょう。

ただ、新NISAは年360万円と大きな非課税枠があるからと言って、無理な満額投資は絶対にしないでください。これについては、第4章で詳しくお話ししますね。

積立投資と一括投資、どっちがいい？

新NISAでは、つみたて投資枠だとコツコツ買っていく積立投資しか選べませんが、成長投資枠だと積立投資の他に、一度にドカンと購入する一括投資も選択できます。

ただし、**私は特に初心者の方には積立投資をおすすめしていますが、この機会に積立投資と一括投資の特徴を比べてみましょう。**

まず**積立投資のメリットは、相場の下落時でも安く買える**点があります。具体例を見ると分かりやすいです。

手元の4万円を、ある投資信託に一括投資したケースと、4カ月にわたって毎月1万円を積立投資したケースでの購入口数（単位）を見てみましょう。

投資信託の基準価額の推移が1000円、1500円、500円、1000円の場合を比較してみます。

一括投資は最初の買付金額が４万円となるので、１カ月目に買付金額４万円を基準価額１０００円で割った40口分購入できました。

一方、積立投資は買付金額が毎月１万円と一定ですが、基準価額が変動するので、購入できる口数が月ごとに変わります。

１カ月目は買付金額１万円を基準価額１０００円で割った10口、２カ月目は買付金額１万円をその月の基準価額で割った６・７口、３カ月目は20口、４カ月目は10口で、合計46・７口分購入できました。

買付金額の合計はどちらも同じ４万円ですが、積立投資の方がたくさん購入できています。

これは、**積立投資の方は、３カ月目の暴落時に安い価格で多くの量を買えたため**です。

このように相場が下落してしまった時でも、安い価格でたくさん買えてラッキーと思えるため、**積立投資は精神的な余裕を持ちやすくて投資初心者にもおすすめ**です。

ちなみに、価格が高い時でも安い時でも関係なく、**同じ金額でコツコツ買っていく積立投資をドルコスト平均法**とも言うので、覚えておくといいでしょう。

一括投資と積立投資の違いは？

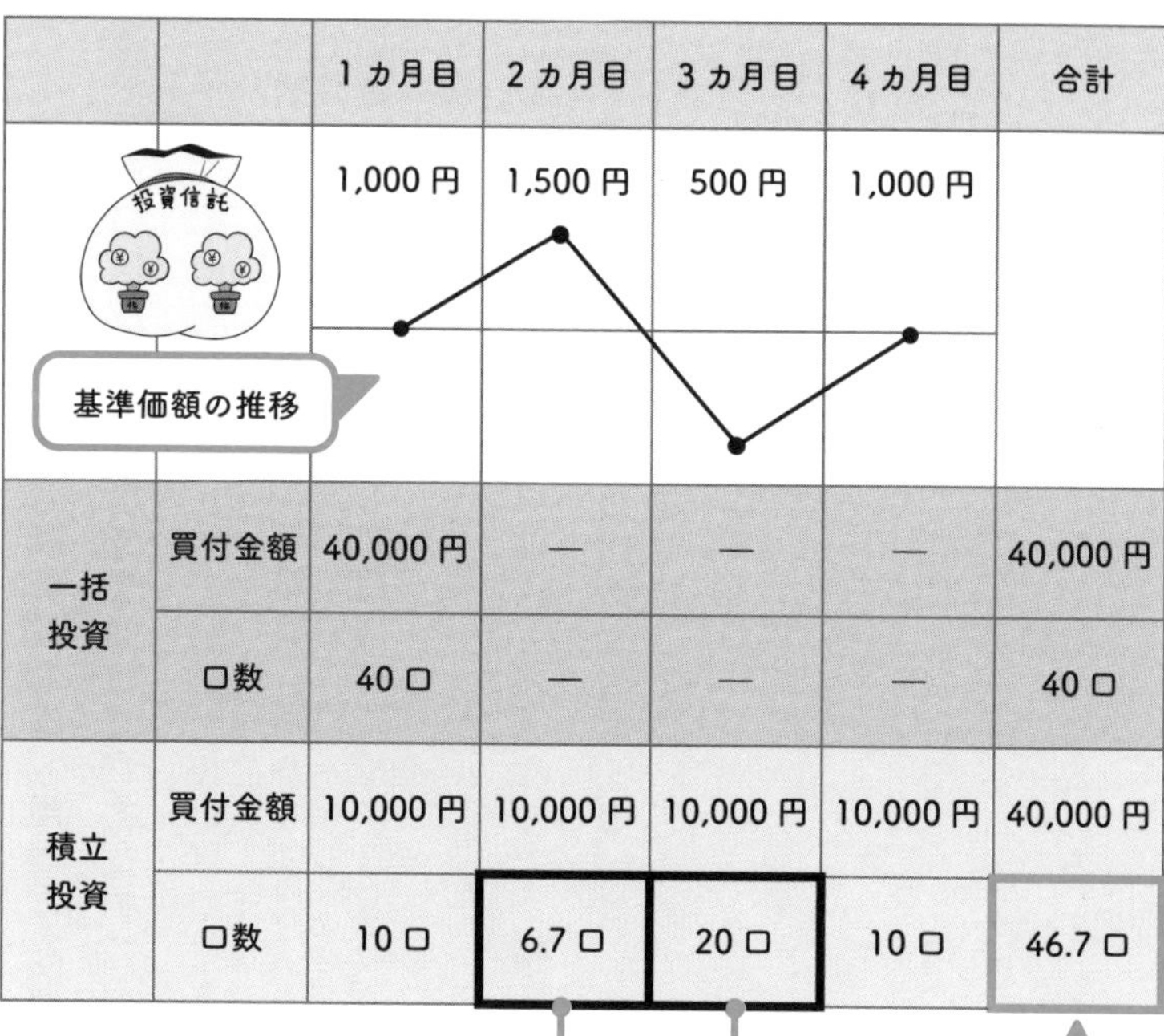

		1カ月目	2カ月目	3カ月目	4カ月目	合計
		1,000円	1,500円	500円	1,000円	
一括投資	買付金額	40,000円	―	―	―	40,000円
	口数	40口	―	―	―	40口
積立投資	買付金額	10,000円	10,000円	10,000円	10,000円	40,000円
	口数	10口	6.7口	20口	10口	46.7口

価格が高い時は少なく、価格が安い時は多く買う

買付金額の合計は
同じなのに、積立投資の方が
合計の口数は多くなったぞ！

積立投資は相場の下落時に安い価格で多くの量を
買うことができるので、精神的な余裕を
持ちやすく投資初心者にもおすすめだよ

ただ**積立投資は決して万能ではなく、単純な右肩上がりの相場なら、価格が安いうちにまとめて買う一括投資の方が利益は期待できます**。

実際、長期運用を前提とするなら、長い目で見ると株価は右肩上がりになるので、理論上は一括投資の方が有利という意見もあります。

投資に慣れている人だと新ＮＩＳＡで年３６０万円の年初一括投資をしている方も見受けられますね。

しかし、それはあくまで理論上の話なので、**相場の値動きに慌ててしまいやすい初心者の方は、まずは積立投資から始めておきましょう**。

投資を始めた後はほったらかしが大事

新NISAで投資を始めた後、どのように進めればいいかについてですが、**実践していただきたいのがいわゆる「ほったらかし投資」**です。つまり新NISAで投資しているのを忘れるくらいの感覚で、運用を続けていればOKです。

意外に感じるかもしれませんが、人の感情というのは、投資を続けていく上で妨げになることが多いです。

ある日突然、暴落に直面して含み損を抱えたら、どうしても不安になってしまいますよね。あるいは、これ以上損失が広がるのを避けるべく、すぐに売却したくなる人も出てくるでしょう。

ただし、第2章で見た米国株式のチャートをさかのぼってみると、**過去に何度も暴落が起こりましたが、その度に回復して最高値を更新し続けてきました。**

（出所）Yahoo! ファイナンスほか各種データベースより筆者作成。S&P500 指数における過去の主要な暴落時における最大下落率を掲載。対象期間は 1920 〜 2023 年

100年に一度と言われる2008年のリーマンショックにおいても、全世界株式や米国株式は約5年ほどで暴落前の水準まで戻っています。

また2020年のコロナショックでは、わずか数カ月足らずで回復したことでも話題になりました。

このように歴史を振り返ると、**いつの時代も暴落はどこかで終わりを迎えてきたので、新NISAにおいても慌てずに運用を続けておくのが重要**です。

そのために大事なのがほったらかし投資であって、たとえば証券会社のIDやパスワードを普段見ない紙に書いて保管して、気軽にログインできないようにしておくのもいいでしょう。

新NISAは将来の自分や家族に向けたタイムカプセルだと思って、コツコツじっくりと育てていきましょう。利益がちょっと出た際も、すぐ売ってしまわないように注意する必要があります。

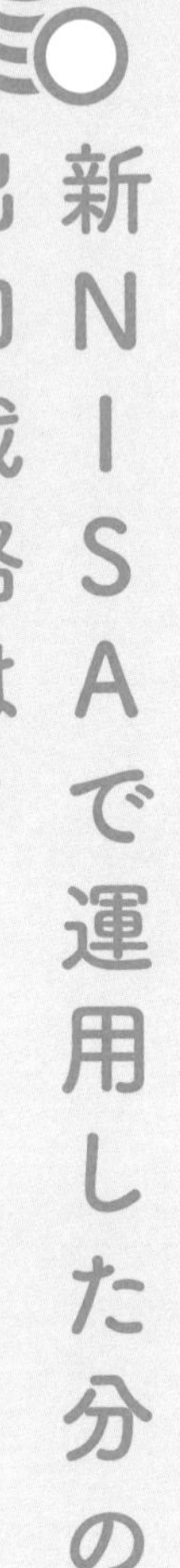

新NISAで運用した分の出口戦略は？

最後に、新NISAで長く運用を続けた後の出口戦略も考えてみましょう。

新NISAで運用した資産は一度にすべて売却するのではなく、必要に応じて少しずつ売却することが望ましいです。そうすることで、新NISAの残った分は引き続き運用し、資産を長持ちさせることができます。

新NISAの基本的な出口戦略としては、子どもの大学費用や住宅購入資金の頭金など、家族のライフイベントに合わせて必要になった分だけ都度売却するのがいいでしょう。

たとえば新NISAの資産が数百万円ある場合、そのうち子どもの学費で必要になった100万円だけ売却するなどが考えられます。

そして、老後が近づいてきたら、毎月少しずつ売却し現金化して、老後資金に充てていくといいでしょう。

データ⑦ 2,475万円を運用しつつ、月12万円を売却したら？

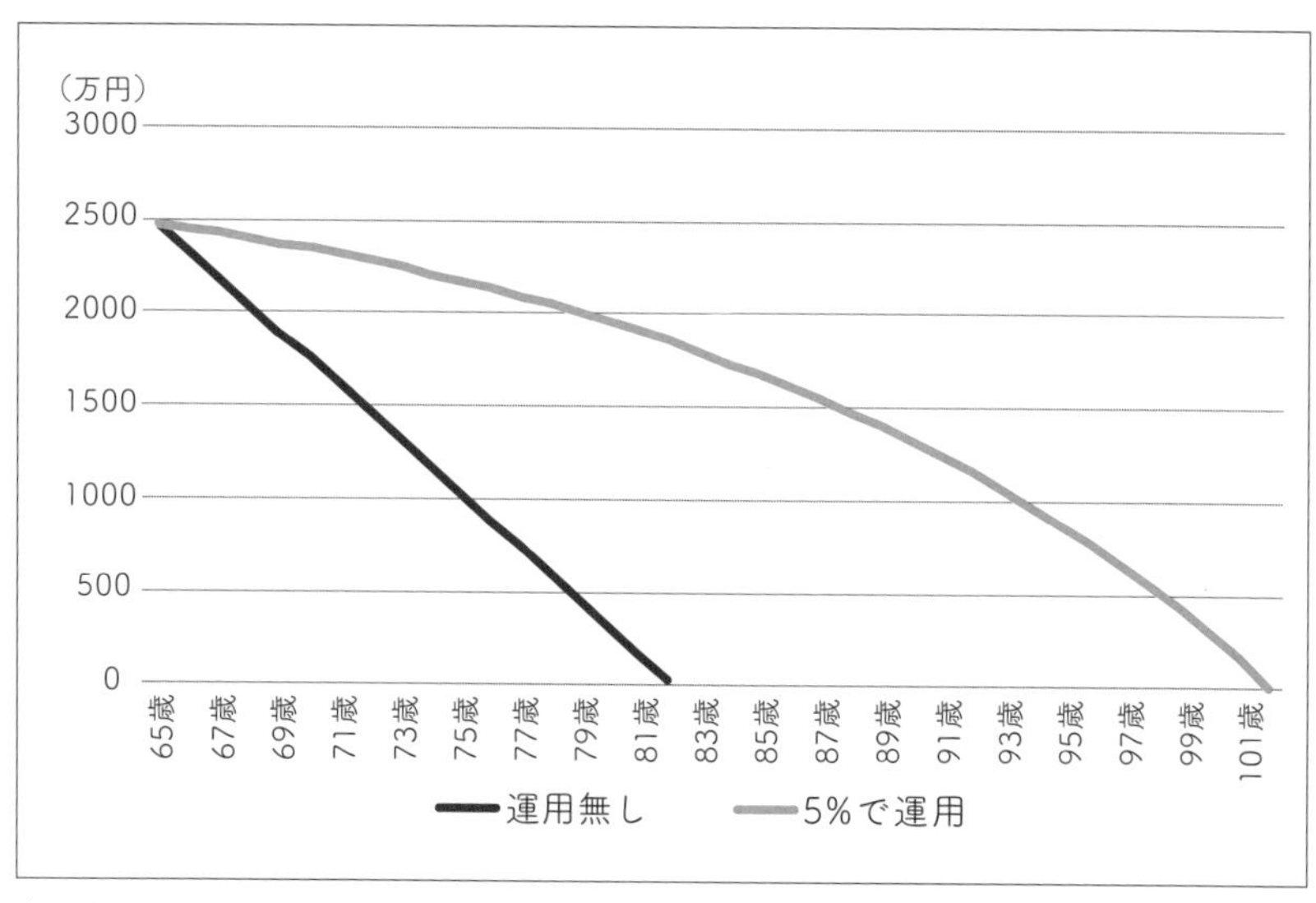

（出所）野村アセットマネジメントの「取り崩しシミュレーション」より筆者作成

仮に毎月3万円、積立期間30年、運用利回り年5%としたら、30年目には元本1080万円、利益は約1395万円となり、合計で2475万円となります。

35歳から新NISAを始めて、途中で取り崩しをしなかったら、65歳にはこれだけの資産に増えているイメージです。

データ⑦で、この新NISAにおける保有資産2475万円を老後に取り崩すシミュレーションを考えてみます。

取り崩しの開始年齢は65歳、取り崩し額は一例として月12万円、運用した場合の年率リターンを5%と仮定します。

シミュレーションの結果は非常に興味

深く、まず運用をしない場合だと、受け取りを開始した65歳から17年後の82歳で資金が底をついてしまいます。

人生100年時代と言われる昨今では、やや心もとなく感じるかもしれません。

一方、年利5％で運用した場合、ゆるやかに資産が減っていきますが、最終的には37年後の102歳で資金がゼロになって終了します。

つまり、**102歳までは毎月12万円を取り崩せるので老後資金の準備としては万全で、老後に豊かな生活を送るための「じぶん年金」としては理想形**とも言えるでしょう。

これはあくまで一例ですが、出口戦略を考えることで、新NISAを長く続ける意欲が湧いてくるでしょう。

ただし、遠い将来、自分がどうなっているかなんてなかなか想像もつきません。

10年、20年、30年と新NISAの運用を続けていく中で、定期的に出口戦略について考えてみるのがいいでしょう。

第３章のまとめ

・新ＮＩＳＡはネット証券での口座開設をまず検討する

・毎月の手取り収入の５〜10％で積立投資を始める

・新ＮＩＳＡの投資を始めた後は、ほったらかしにする

・出口戦略は必要になった分だけ都度売却、残りは老後に少しずつ取り崩す

第4章

知らないと怖い、新NISAの落とし穴は？

無理な満額投資をしてしまう

この章では、新NISAにおける落とし穴について解説します。

新NISAを始めたものの、これらの注意点を知らなかったばかりに失敗してしまった……という人も今後出てくるでしょう。

そうならないよう、特に初心者の方はしっかりと覚えておいてくださいね。

まず**新NISAにおいて最も注意すべき点は、無理な満額投資**です。

新NISAでは非課税枠が年間360万円と大幅に拡大したので、手元の貯金からできるだけ多くの資金を投資しようと考える人も多いでしょう。しかし、**無理に投資額を増やそうとして、家計を切り詰めすぎてしまうことは絶対にやめましょう。**

そうすると大抵、普段の生活に悪い影響が出て、投資も長続きしません。

最悪の場合、相場の暴落のタイミングで、生活費の支払いが重なって投資資産を売却することになり、新NISAの運用分を泣く泣く損切りしてしまう事態もありえます。
そうならないためにも大前提として、**投資は日常の生活に支障がない範囲**で行っていきましょう。基本は第3章でお伝えした通り、毎月の手取り収入の5〜10%で積立するのがいいですね。さらに投資額を増やしたい場合には、貯金の中でも投資に回してはいけないお金、回していいお金を知っておきましょう。

あまり知られていないですが、**貯金にも順番があります。**

まずは収入がなくなった時など、まさかの事態に備えるためのお金を優先して貯めておくのが大事です。これを生活防衛資金と呼びますが、その名の通り、自分の生活を守ってくれるお金のことですね。仮にリストラや長期入院などで収入が激減した時も、生活防衛資金があれば、安心感がずいぶん違うでしょう。

生活防衛資金の目安は職業などによって異なりますが、たとえば**会社を辞めて収入がなくなっても、半年程度で再就職を見込めると想定して、6カ月分の生活費を目標に貯められるといい**ですね。また私のような個人事業主の人は、収入が不安定な面も考慮して、1〜2年分は用意しておきたいところです。誤解しやすいですが、生活防衛資金は月収ではなく、最低限の生活費の何カ月分かで考えればOKです。

いざという時は実家に帰れるという人なら、最低限の生活費は月10万円もあれば何とかなると思います。そうなると月10万円の6カ月分を生活防衛資金として、60万円の貯金をまずは目指すのがいいでしょう。

生活防衛資金の次は、近い将来、何にまとまったお金を使うかを考えてみましょう。たとえば趣味や旅行、車や結婚資金、近い将来必要となる子どもの教育費などにいくらかかるか考えて、目標額を決めていきます。この近い将来使う予定の資金も、事前に確保しておいた方がいいので、投資に回さず貯金で用意しておくのが無難でしょう。

そして、これら**生活防衛資金や近い将来使う予定の資金を除いたお金が、しばらく使う予定のない余裕資金と呼ばれるものなので、これは投資に回してもOK**です。

余裕資金は新NISAで運用して、子どもが生まれた時の養育費や教育費、自分の老後資金などを見据えて準備していくのがいいでしょう。

1つ例を挙げると、貯金が500万円あるとして、生活防衛資金が60万円、近い将来使う予定の資金が200万円なら、残る240万円は余裕資金として新NISAの投資に回してもいいと思います。

このように貯金は順番で考えるのが大事なので、新NISAで無理に満額投資するために、生活防衛資金などを投資に回すのは絶対やめましょう。

使い道を考えた、正しい貯金の順番！

新 NISA の投資に回していいか

生活防衛資金
（職業などにもよるが、最低限の生活費の６カ月～２年分が望ましい）

↓

近い将来に使う予定の資金
（向こう５年後までに使う予定の資金。趣味や旅行、車や結婚資金もしくは近い将来必要となる子どもの教育費）

↓

余裕資金
（しばらく使う予定のない資金。子どもが生まれた時の教育費や老後資金など）

生活防衛資金や近い将来に使う予定の資金を新NISAの投資に回すのは絶対やめよう！

人気ファンドをあれもこれも選んでしまう

新NISAでいざ投資信託を選ぼうとすると、どれを選べばいいのか、迷う人をよく見かけます。

定番のインデックスファンドシリーズを選ぶか、あるいは新たに誕生した話題の投資信託を選ぶか、もしくは友人におすすめされた銘柄もあったりするでしょう。

迷った挙句、この際だから人気どころのファンドをあれもこれも選んでしまおうと考える人もいますね。新NISAにおいて投資信託を選ぶ際の上限数はないので、たしかに複数のファンドを選ぶこともできます。

以前、私に相談があった方は10本以上の投資信託を選んでいました。その中には同じ指数に連動している、似たようなインデックスファンドもいくつか選んでおり、「人気ファンドを片っ端から選びましたが、よく分からなくなってしまいました……」と悩んでいました。

これはまさに新NISAにおける、商品選びの落とし穴に陥ってしまったと言えます。

そうならないために、**投資信託を選ぶよりも先に、投資先を決める**ようにしましょう。

たとえば、米国株のみに投資するのであれば、第2章で紹介したeMAXIS Slim米国株式（S&P500）だけを選べばOKです。

eMAXIS Slim米国株式（S&P500）は、米国を代表する企業500社へ手軽に分散投資できます。

また、米国株と日本株を半分ずつ持って運用したい時は、米国株式のインデックスファンドと日本株のインデックスファンドの2本を選びます。

そこでeMAXIS Slim米国株式（S&P500）と合わせて、eMAXIS Slim国内株式（TOPIX）にも投資することで、米国株と日本株を半分ずつ持つという目的が達成できます。

これなら**米国株が不調の時も、日本株が好調であればトータルの下落幅を抑えることが期待できるため、投資する地域に関してリスク分散の効果がある**と言えるでしょう。

しかし、人気ファンドを闇雲に選んでしまうと、投資先がごちゃごちゃになって、自分が結局何に投資しているのかが分からなくなってしまいます。

そうならないためにも、**まずは自分が将来的に、成長が期待できると思う投資先はどこなのかを整理**しましょう。

それが米国であれば米国株、日本であれば日本株、新興国であれば新興国株のインデックスファンドを選択します。

将来どこが伸びるか分からないと思うなら、eMAXIS Slim全世界株式（オール・カントリー）など、全世界株式のインデックスファンドを1本選べばいいでしょう。**全世界株式1つでもじゅうぶんに地域分散はできるので、あれこれ選ぶ必要もありません。**

新NISAで投資信託を選ぶ際の上限数はありませんが、本数はできるだけ少なく、シンプルにした方が管理もしやすいですからね。

このように、**新NISAで投資する商品を決める際は、まず投資先を整理して、その上でファンドを選ぶ**という流れを忘れないでください。

また最近では、新NISAに合わせて低コストのファンドが続々と誕生しています。

いま積立している投資信託より、**年間の保有コストである信託報酬がさらに安い銘柄も出てくるかもしれません**。

そうなった時に、「今のファンドから変えた方がいいんじゃないか……」と目移りしてしまうこともあるでしょう。

ただ、足元ではインデックスファンドのコストはすでに限界レベルまで下がっており、小数点以下の微々たる競争になっているのが現状です。

そのため、それくらいの**わずかなコスト差であれば、特段気にせずに今のファンドの運用**を続けていきましょう。

積立する銘柄をコロコロ変えていると、落ち着いて投資を続けていくことができません。

これからも新しいファンドは色々と登場すると思いますが、**一度ファンドを決めて運用を始めた後は、ドッシリと構えて運用していく心構えも大事**ですね。

商品選びは、まず投資先を決めよう！

米国株の
インデックスファンド

日本株の
インデックスファンド

投資信託の本数はできるだけ少なく、
シンプルにした方が管理もしやすいね！
将来どこが成長するか分からないと思うなら、
全世界株式のインデックスファンド1本でOKだよ

長期運用は想像以上に難しい

新NISAでは、長期運用が重要であることはすでにご理解いただけたと思います。

しかし、**「長期運用」と口で言うのは簡単ですが、やってみるのは意外と難しい**ものです。

ぜひ想像してみてほしいのですが、あなたが今後、暴落に直面して大きな含み損を抱えてしまった時、それでも慌てずに運用を続けることはできますか？

もしくは新NISAを始めたものの、急にまとまった現金が必要になってしまったら、すぐに売ってしまいませんか？

2021年の三菱アセット・ブレインズ株式会社の調査によると、**投資信託の平均保有期間は約3年というデータ**もあり、それだけ短い期間で売却をしてしまう人がどうしても多いのが現実です。

ところが**短期間で売却すると、非課税期間無期限という新NISAの大きなメリットを活かすことができません**。

目先のわずかな利益に目がくらんで売却してしまい、将来手に入れられる大きな資産を逃してしまう人も出てくるでしょう。

新NISAにおける長期運用の重要さを理解していても、20~30年と運用できる人はほんの一握りかもしれません。

そのため、**新NISAの基本的な戦略として、買ったら持ち続ける「バイ&ホールド」を徹底しましょう**。

長い目で見て右肩上がりが期待できるインデックス投資なら、買った分を放置しておくだけで利益が期待できますからね。

また、**新NISAで短期的に売買を繰り返す人もいますが、皆さんは真似しないようにしましょう**。これは投資ではなく、いわゆる投機で、ある機会において短い時間でお金を投じる手法です。

株式投資もトレード(機会を見計らって、株式を買ったらすぐ売って利益を狙う方法)なら、短期的に売買を繰り返す点で投機になります。

トレードは短時間で売買する分、株式市場全体の規模が大きくなっているわけではないので、**利益を奪い合っている参加者全員の損益を合計するとゼロになる、ゼロサムゲーム**と言われます。

一方、インデックス投資は、長い目で見て株式市場全体が成長すれば、**投資した人全員の損益を合計するとプラスになる、つまり投資の成績が平均点であっても利益が期待できるからプラスサムゲーム**とも言われますね。

投資と投機をごっちゃにしている人は多いですが、まずは両者の違いを知っておきましょう。

もちろん、トレードでちゃんとお金を増やしている人もいるので、投機自体がダメなわけではありません。

ただ**新NISAでゆっくりだけど着実に資産を増やしていきたいなら、投資をやっていくことが重要**なのです。

投資と投機の違いを知ろう

投機＝ある機会にて短い時間でお金を投じるもの

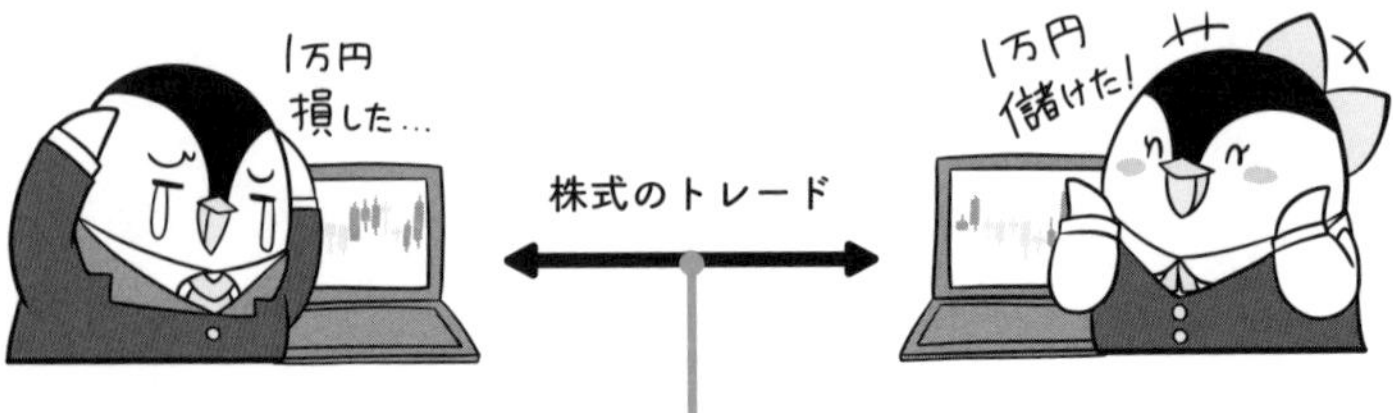

損益の合計がゼロになる、ゼロサムゲーム
（短期売買の FX なども該当）

投資＝ゆっくりだけど着実に資産を増やしていくもの

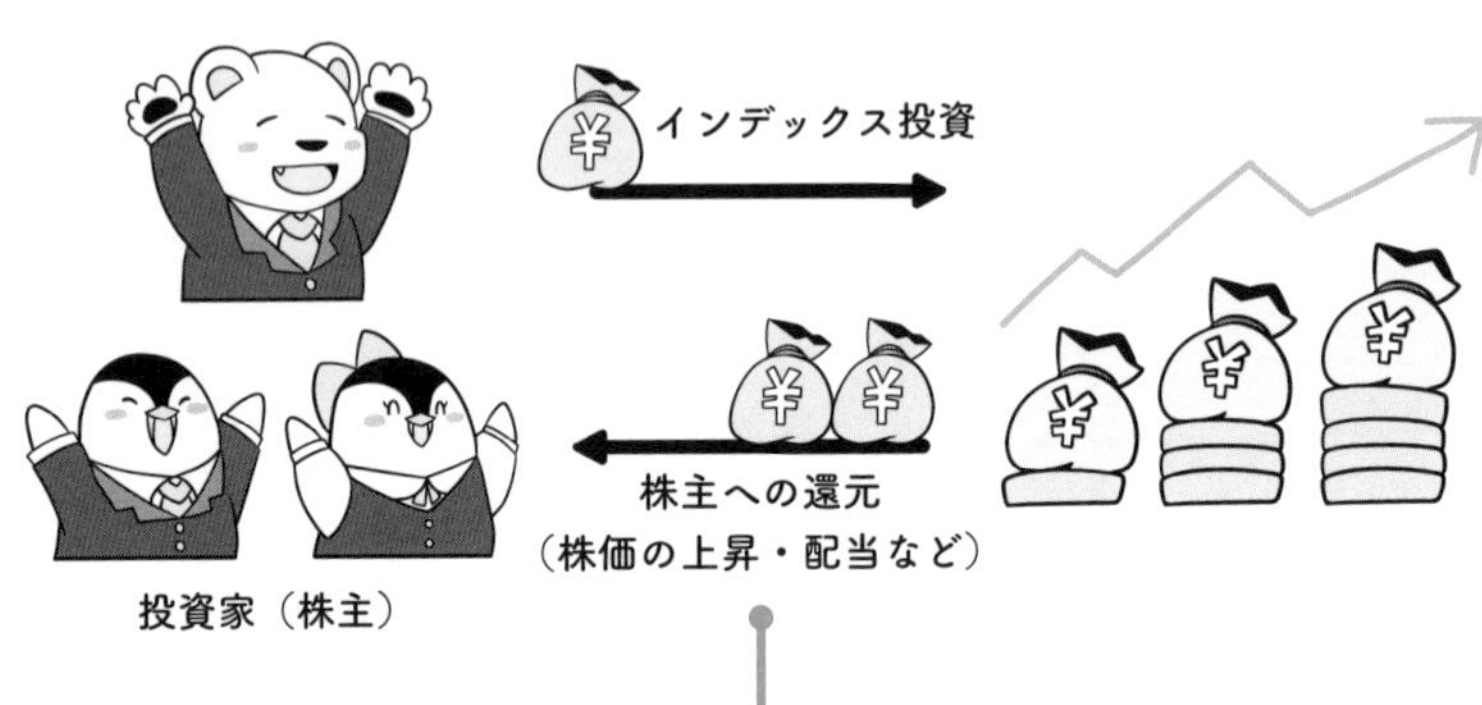

長い目で見て株式市場全体が成長すれば、投資した人全員の
損益の合計がプラスになる、プラスサムゲーム

損失が出ると逆にデメリットになる

利益に税金がかかる特定口座で、A銘柄とB銘柄を運用していたとします。それぞれを売却した際、A銘柄は40万円の利益、B銘柄は20万円の損失が発生しました。この場合、2つの銘柄の損益を合算した際の利益20万円にのみ課税することができるため、その分だけ税金を減らすことができます。

これを**損益通算と言いますが、**特定口座（源泉徴収あり）なら、**証券会社が合計の損益を自動で計算し、すでに支払った税金も戻ってきます。**

しかし残念なことに、**損益通算はNISA口座では利用できません。**なぜなら、NISA口座において利益はなかったものとして非課税になりますが、損失もなかったものとしてみなされるからです。

そのため、今度は特定口座で運用しているA銘柄、新NISA口座で運用しているB銘柄があったとします。

先ほどと同様に、A銘柄は40万円の利益、B銘柄は20万円の損失が発生すると、2つの銘柄で損益通算はできず、A銘柄の利益40万円がそのまま課税対象となります。

両銘柄とも特定口座で運用していれば、損益通算できて税金を減らすことができました。しかし片方の銘柄を新NISA口座で運用していたばかりに損益通算ができなかったので、**新NISA口座で損失が出ると逆にデメリットになってしまう**のです。

ただし、ここまでお話ししてきた通り、新NISAでの運用は長期での値上がり益を目指すのが基本方針であり、インデックス投資で長く運用していれば利益は期待できます。なので、新NISA口座で損失が出ることは、あまり心配しすぎなくてもいいでしょう。

しかし、**NISA制度はけっしてメリットばかりではなく、このようなデメリットがある**ことは覚えておきましょう。

損益通算について知っておこう

特定口座で運用した銘柄同士は損益通算できる

特定口座のA銘柄：利益 40万円
特定口座のB銘柄：損失 −20万円
損益通算 → 利益 20万円
（約20％課税され、4万円程度の税金に）

NISA口座で運用した銘柄の損失は損益通算不可

特定口座のA銘柄：利益 40万円
新NISA口座のB銘柄：損失 −20万円
損益通算不可 ✕ → 利益 40万円
（約20％課税され、8万円程度の税金に）

新NISAで長く運用を続ければ将来的には利益が期待できるから心配しすぎなくていいけど、NISA制度もデメリットがあることは知っておこう

※複数の証券会社の特定口座で損益通算する際は、確定申告が必要
※NISA口座では繰越控除（その年の損失を、最長3年間にわたって利益と合算できる制度）も同様に利用不可

18歳未満は新NISAを利用できない

2023年までは、18歳未満の未成年でも利用できるジュニアNISAという制度がありました。

ジュニアNISAは子ども名義で口座を作れたので、成人した時に口座ごと渡せるよう、お子様への贈り物として運用している方もいましたね。

しかし、新NISAは対象年齢が18歳以上であるため、**18歳未満のお子様は新NISAを利用できません。**そのため今後は、未成年の子ども名義で、非課税投資することは難しくなってしまいました。

ではお子様のための資産運用はこれからどうしていけばいいか。

結論から言うと、**親名義の新NISAを活用して、将来的にお子様の大学費用などへ充てる**のがいいですね。

18歳未満は新NISAを利用できない

新NISAの口座開設の対象年齢は18歳以上

代わりの対策は親名義の新NISA活用

非課税枠 年360万円
生涯投資枠 1,800万円

非課税枠 年360万円
生涯投資枠 1,800万円

これからは親名義の新NISAを活用しよう！
夫婦2人分の新NISAの枠があるから、合計で
非課税枠は年720万円、生涯投資枠は3,600万円！

※新NISAの口座開設の対象年齢は、その年の1月1日時点で18歳以上

夫婦なら2人分の新NISA口座の枠があるので、年360万円×2人=720万円の非課税枠、1800万円×2人=3600万円の生涯投資枠があるので、親の新NISAをフル活用するのがいいでしょう。

ちなみに、夫婦で同じ銘柄を選んでもいいか、よく聞かれるのでお答えしますね。
基本的には**銘柄を選ぶ方針は夫婦でよく話し合い、揃えるのが望ましい**とは思います。
今後運用を長く続けていく上で、互いの投資方針にすれ違いがあったらトラブルの元になるかもしれません。

そのため、夫婦で話し合った末に、たとえば世界全体の成長に期待したいと考えれば、夫婦2人とも同じ全世界株式のインデックスファンドを選ぶのがいいでしょう。
ただし、あえて夫婦で異なる銘柄を選んで、比較しながら運用を楽しむのもアリだと思います。

また、よくある質問ですが、**夫婦それぞれの口座で同じ銘柄を購入して元本が分散しても、複利効果は1つの口座でまとめた時と同様に期待できます。**

たとえば、あるインデックスファンドを夫婦2人の口座で選んだケースを考えてみましょう。夫婦の投資元本は各1万円ずつで、年利5％で2年間運用すると、1年後に1万500円、2年後は1万1025円となり、2つの口座で運用しているので合計2万2050円になります。

ただし、それは合算した元本2万円を夫の口座でのみ投資し、年利5％で2年間運用した時の2万2050円と同じ金額になりますよね。

このように**夫婦それぞれの口座で同じ銘柄を選んでも、結局は投資先が同じなら、合計の投資額に対して複利が効くと思えばOK**です。

そのため、口座が分かれること自体はあまり気にしなくていいでしょう。

また、将来、利用する金融機関が破綻する恐れから、金融機関も夫婦別々にした方がいいか質問されることが多いです。

ただ第2章でもお伝えした通り、証券会社などが破綻しても、投資家のお金は分別管理によって保護されます。そのため、**管理のしやすさを重視して、夫婦で同じ金融機関を利用してもいい**と思います。

別口座で同じ銘柄を購入した時の複利効果は？

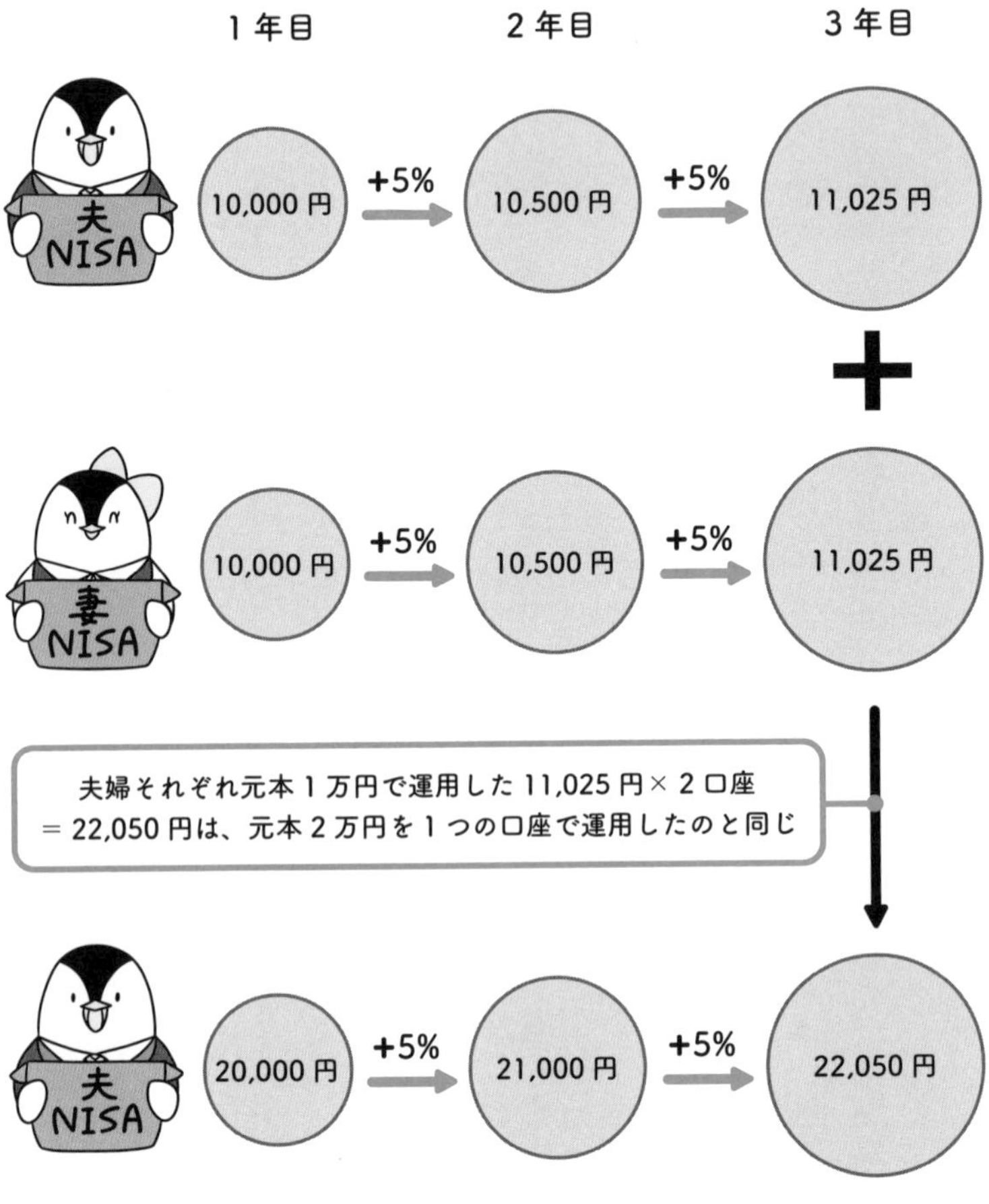

	1年目		2年目		3年目
夫NISA	10,000円	+5%	10,500円	+5%	11,025円
妻NISA	10,000円	+5%	10,500円	+5%	11,025円
夫NISA	20,000円	+5%	21,000円	+5%	22,050円

夫婦それぞれ元本1万円で運用した11,025円×2口座
＝22,050円は、元本2万円を1つの口座で運用したのと同じ

夫婦それぞれの口座で同じ銘柄を選んでも、
結局は投資先が同じなら、合計の投資額に対して
複利効果が効くと思えばOKだよ！

ちなみに夫婦において、どちらかが亡くなった際の新NISAの取り扱いも紹介しておきます。NISA口座を利用していた方が亡くなった場合、相続が発生した時点でNISA口座内の銘柄は相続人の特定口座などの課税口座に移管されます。

ただし、相続人のNISA口座への移管は不可なので注意してください。

この際、取得価額は相続発生日の時価となるため、NISA口座を利用していた方が亡くなるまで運用していた際の含み益には課税されずに済みます。

そのため万が一、**新NISAで運用していた資産が相続対象となった際も、売却時と同じように、利益には課税されない**ので安心してください。

あとは、夫から妻に投資資金を移した際の贈与税について。

これは必ず気を付けてほしいのですが、新NISAの投資資金を配偶者に渡すと、投資のための資金として贈与とみなされる恐れがあります。

ただ、**贈与税の基礎控除額年110万円に抑えれば非課税となるため、その金額に抑えて夫から妻へ毎年移すのが無難**でしょう。

第４章のまとめ

・新ＮＩＳＡで無理な満額投資は絶対やめる
・投資信託を選ぶよりも先に、投資先を決める
・新ＮＩＳＡは長期運用を心がけ、短期売買は行わない
・新ＮＩＳＡ口座では損益通算が使えないデメリットもある
・18歳未満は新ＮＩＳＡを利用できないため、親の新ＮＩＳＡを活用する

第5章

20代向けの新NISA投資戦略

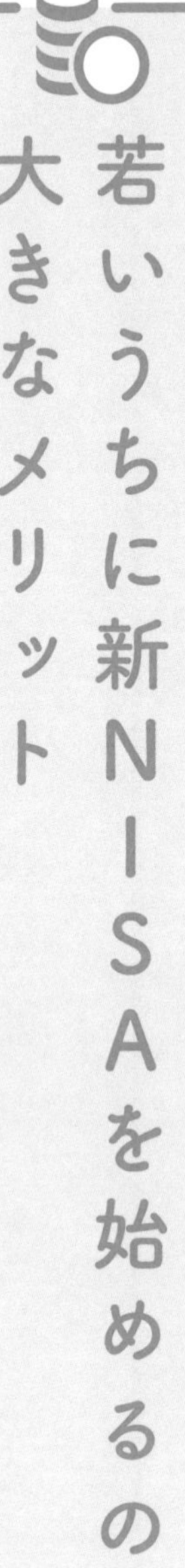

若いうちに新NISAを始めるのは大きなメリット

ここからは、**年代別の新NISAにおける投資戦略**について解説します。

まず20代と若い人向けの戦略を紹介しますが、**新NISAはその年の1月1日時点で18歳以上であれば始められる**ので、大学生の方なども参考にしてください。

はじめに、**20代は新NISAで大きなメリットを享受できる**ことを知っておきましょう。「投資は若いほど有利」とよく言われますが、早くから投資を始めると、それだけ長く運用を続けることにより、複利効果も大きく期待できます。

この話については、投資における「**72の法則**」が有名です。

お金が2倍になる期間が簡易的に分かる計算式で、「72÷金利≒資産が2倍になる年数」となります。分かりやすくイメージするために、投資の年間の利回りを7%と仮定すると、「72÷7≒10・3」で、約10年間の運用で資産が2倍に増えます。

つまり、**若い人で新NISAの運用期間が50年あったとすれば、10年後には元本から計算して2倍、20年後には4倍、30年後には8倍、40年後には16倍、50年後には32倍にも資産が増えることが期待できる**のです。

ただしこれは、年間7％の利回りが前提ですが、全世界株式の約35年間の平均利回りは年7％程度だったので、そこまで非現実的なシミュレーションではないでしょう。

その上で、新NISAは非課税期間が無期限となったので、この50年間の運用で得た利益もすべて非課税で受け取ることができます。そのため、**20代の方こそ運用期間を考慮すると、新NISAを最大限に有効活用できる**と言えるでしょう。

ちなみに、大手銀行の普通預金の金利は年0.001％なので、資産を2倍にするには約7万2000年もかかります。したがって、**お金を増やすには預金ではなく、新NISAのような投資をしていく必要がある**ことを実感できますね。

また、20代から新NISAを始めるもう1つのメリットは、お金に関する知識を身につける良いきっかけになることです。

実際に投資を始めてみることで、株価や為替などの経済情報に関心を持つようになるかも

投資における72の法則とは？

利回りの大きさで、資産が2倍になる年数も
ずいぶん変わってくるんだね！

年間の利回り	資産が2倍になるまでの期間 （72 ÷年間の利回り）
1％	72年
2％	36年
3％	24年
4％	18年
5％	14.4年
7％	10.3年
10％	7.2年
（参考）0.001％ ※大手銀行の普通預金金利	7万2000年

年利7％なら分かりやすく、10年後は元本が2倍、
20年後は4倍、30年後は8倍、40年後は16倍、
50年後は32倍と、資産が倍々に増えていくね！

しれません。投資を通じて経済の仕組みを知っておけば、仕事にも役立つことがあります。

あるいは、投資でお金が増える経験をすると、思った以上に嬉しくなり、もう少し投資額を増やしてみたいと考える人もいます。

そうなると、自分がどれくらい貯金しているのかを調べてみたり、もっと節約はできないかと意欲も湧いたりするはずです。これにより、**節約・貯金・投資の好循環が生まれるようになり、資産は加速度的に増える**ことも期待できます。


さらには、ニュースでもしばしば話題になる、**若者を狙う投資詐欺の予防にもつながる**でしょう。たとえば月利、つまり毎月の利回りで5%は見込めるなどのセールストークを聞いたらどう思うでしょうか。仮に100万円を投資したら毎月5万円、年間でなんと60万円も利益が出てしまいます。

しかし、ここまで投資の基礎知識を学んだ方なら、明らかに利回りが高すぎると感じるでしょう。資産運用の王道とも言えるインデックス投資で、期待できる利回りが平均で年5%程度ですからね。

そのため、**若いうちから新NISAを始めれば、投資におけるまっとうな利回りの水準が分かり、投資詐欺に引っかからない判断力が持てる**でしょう。

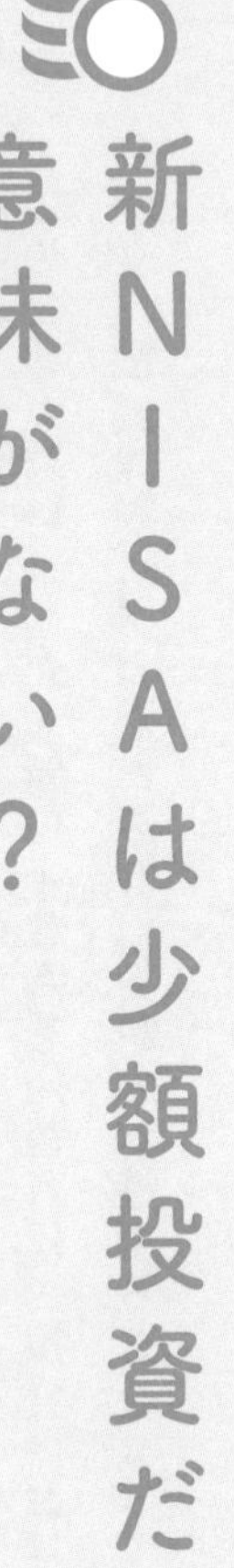

新NISAは少額投資だと意味がない？

20代前半で新卒の方などは、収入が比較的まだ少ないため、「月５０００円くらいの少額でも大丈夫でしょうか？」という質問をよくいただきます。**結論としては少額でもまったく問題ありません**。左のシミュレーションを見てください。

月５０００円の積立を30年間続けて、年５％の利回りで想定したものですが、投資元本が少ないこともあり、５年目はまだ約４万円の利益ですが、**30年目にはなんと約２３６万円の利益**に増えています。

先ほど、72の法則における複利効果の解説をしましたが、**少額投資でも複利効果はしっかりと効いてくる**ことが分かりましたね。

投資に回せるお金が少なくても、長期運用を心がければ、資産はそれなりに築けます。

また、**積立額はいつでも変えられる**ので、少額投資だからと言って迷う必要はなく、思い

少額投資でも複利効果はちゃんと効く！

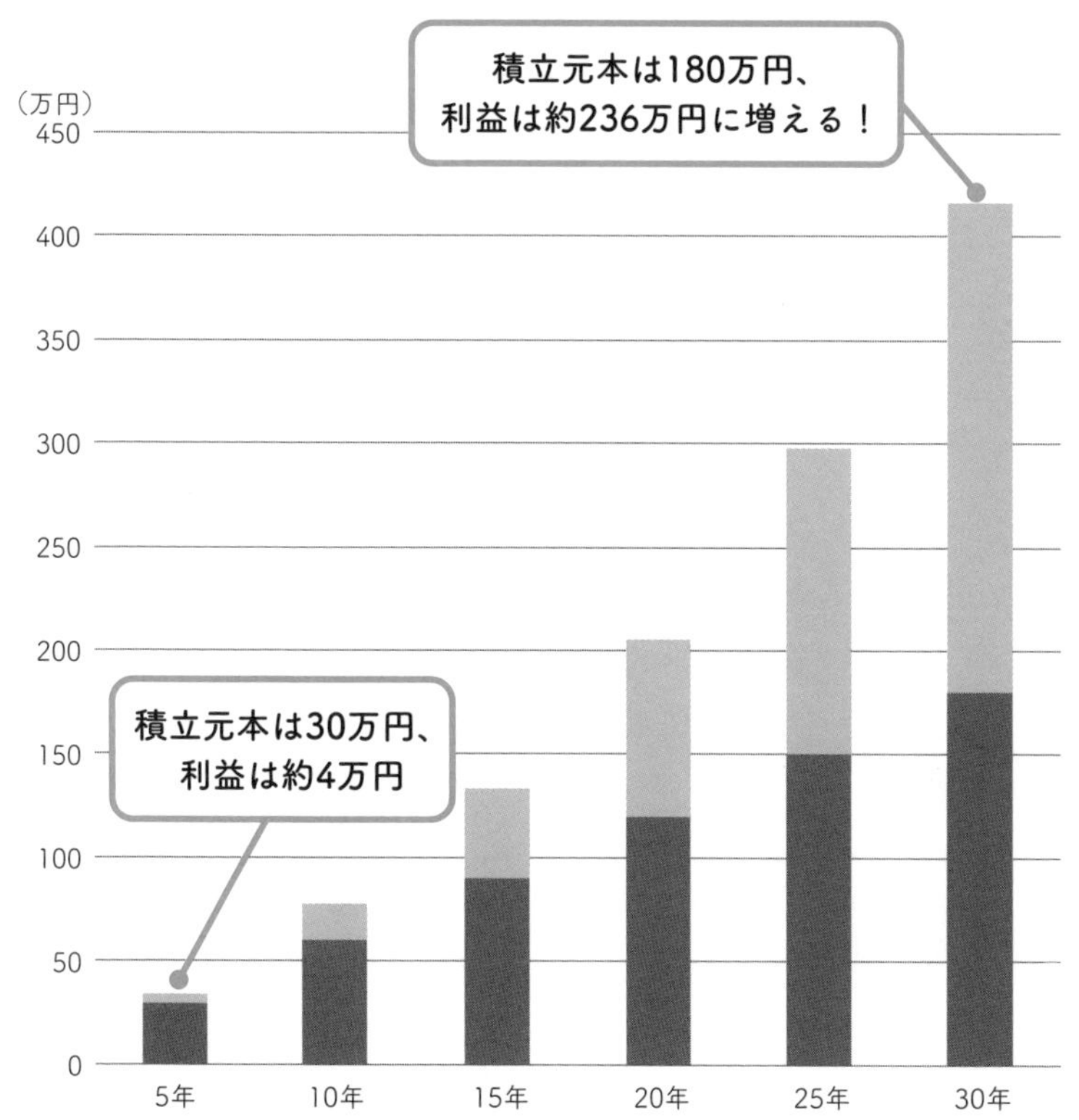

月5,000円の積立で年利5％とした想定だよ！
たとえ投資に回せるお金が少なくても、
長期運用を心がければ複利効果が効いて
資産はそれなりに築けるね

立ったら新NISAを始めてみましょう。

投資信託であれば月100円からでもスタートできるので、とりあえずおこづかい程度から始めていいと思いますよ。


ちなみに、新NISAは非課税枠が拡大したため、とにかく早く枠を埋めるために、20代から給料をほぼ全額、新NISAへ入れようと考える人もいると思いますが、**若いうちだからこそ経験にお金を使うことも大事です**。

私も20代の頃にバックパッカーで海外旅行に行ったりしましたが、それは今でも良い経験だったなと感じています。


そのため、**会社からボーナスをもらった際も、使用目的に分けて配分を決めてみる**といいでしょう。たとえば、ボーナスを3つに分ける戦略です。貯金をする分、新NISAへの投資に回す分、そして旅行や趣味などに使う分と1／3ずつ分けるイメージです。

また、これも大事なことですが、**新NISAで投資を始めた後はほったらかしにして、若いうちの貴重な時間を有意義に使っていきましょう**。お金と同じように、時間は大事な資産ですから、家族や友人、恋人との時間も大事にしてくださいね。

20代におすすめの商品は？

20代は新NISAにおいて、基本的に全世界株式や米国株式のインデックスファンドのみ選ぶことをまず考えましょう。

前提として、若いうちに新NISAを始めた際、しばらくは売却することなく運用をずっと続ける形になると思います。

新NISAの資産を売却して現金化するタイミングとしては、たとえば結婚して子どもが生まれた際、将来的に大学費用や住宅購入資金が必要になった時などがあるでしょう。ただそれはまだまだ先の話なので、基本的には長期運用におけるリターンが期待できる、インデックス投資のみ行えばOKです。

ちなみに、**米国株の場合、過去15年間保有すれば損することはなかった**というデータがあります。

このグラフは、1950〜2023年の米国株価指数のS&P500に投資した期間と年平均のリターンの幅です。

期間1年だと－38・5〜＋45・0％とリターンの幅は大きかったのですが、期間15年では年平均のリターンは＋0・9〜＋15・6％と、どの時期に投資してもプラスになりました。

つまり、**15年間運用すれば必ず利益が出た**のですから、大変驚きですね。

そのため、長く運用すればするほど、新NISAの運用成績がプラスになる可能性が高まるというわけです。

繰り返しになりますが、**新NISAはとにかく長期で運用を続けることが大事**です。

特に20代の方は時間を味方につけて、新NISAで運用する期間をできるだけ長くしていきましょう。

S&P500の投資期間別の平均リターン

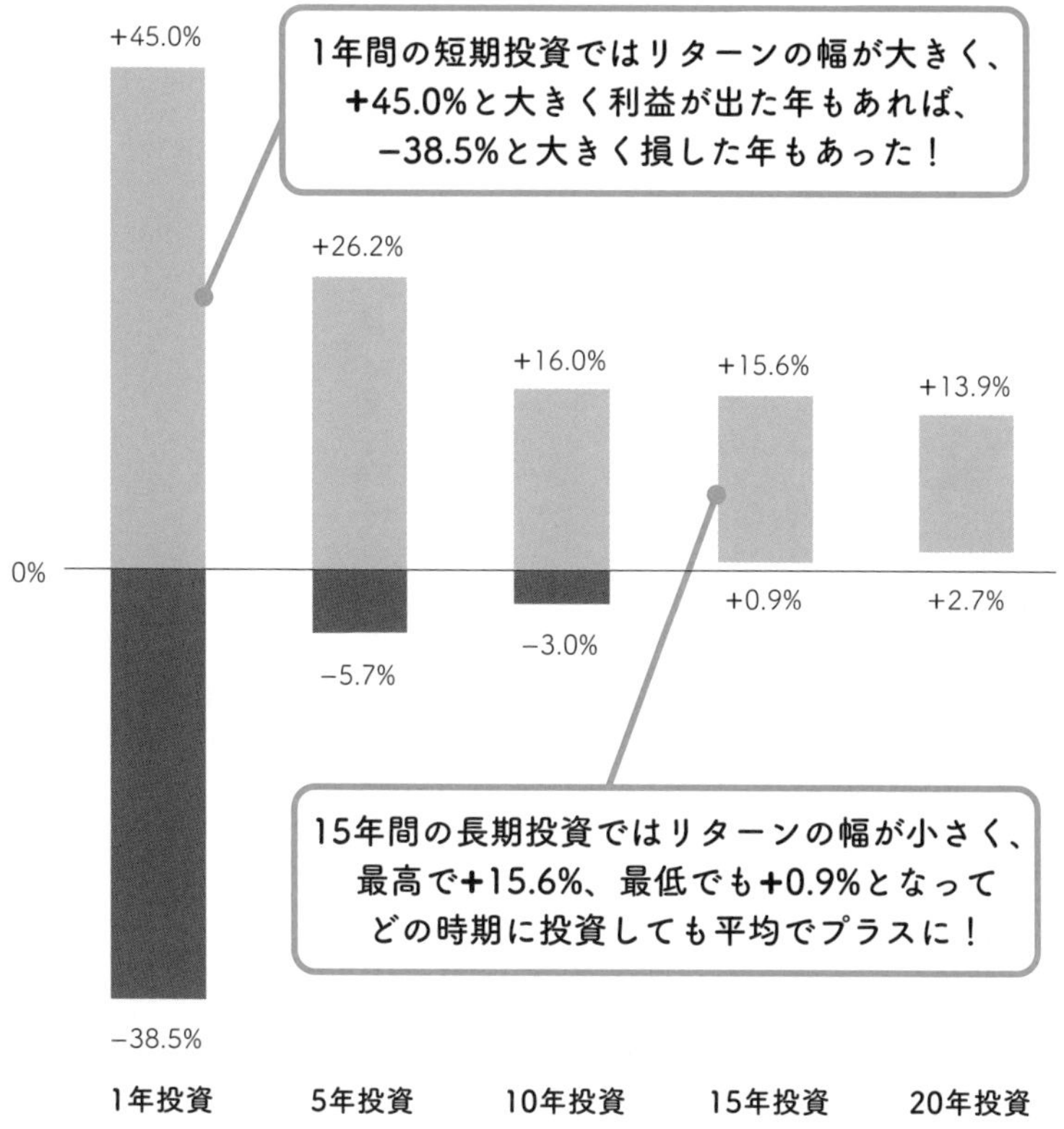

	1年投資	5年投資	10年投資	15年投資	20年投資
最高	+45.0%	+26.2%	+16.0%	+15.6%	+13.9%
最低	−38.5%	−5.7%	−3.0%	+0.9%	+2.7%

0%

1年間の短期投資ではリターンの幅が大きく、
+45.0%と大きく利益が出た年もあれば、
−38.5%と大きく損した年もあった！

15年間の長期投資ではリターンの幅が小さく、
最高で**+15.6%**、最低でも**+0.9%**となって
どの時期に投資しても平均でプラスに！

長期投資なら年平均のリターンの幅が安定して、
運用成績がプラスになる可能性が高まるので、
特に若い人は、時間を味方に極力長く続けよう！

（出所）Yahoo! ファイナンスより筆者作成。対象期間は1950〜2023年で、S&P500の各年の年末終値を使用

早めの満額投資でＦＩＲＥも夢じゃない？

20代で比較的収入が高い方なら、**新ＮＩＳＡで満額投資することにより、最近ニュースでも見かけるＦＩＲＥ**（Ｆｉｎａｎｃｉａｌ Ｉｎｄｅｐｅｎｄｅｎｃｅ、Ｒｅｔｉｒｅ Ｅａｒｌｙ）を目指すのも夢ではないでしょう。

ＦＩＲＥとは経済的に自立した早期退職のことです。

もともとは米国の若者の間でＦＩＲＥが一大ムーブメントとして流行し、日本でも自由な生き方を求める人から支持を得ています。

早期退職はその名の通り、早く仕事を辞めることですが、経済的な自立は投資収益などの不労所得によって、亡くなるまでの日々の生活費を賄(まかな)える状態を指します。

つまり、**ＦＩＲＥとは単なるお金持ちのことではなく、自分に必要な生活費を把握しなが**

ら、それを補うだけの不労所得を投資などで用意していくわけです。

このFIREについて、20代で比較的、高収入の方なら、新NISAを活用して目指すことができるので、ここでシミュレーションを見てみましょう。

前提として、**新NISAの非課税枠360万円の投資を5年間続けて、最速で生涯投資枠1800万円に到達する**こととします。

その後はほったらかしで運用を継続しつつ、将来的に取り崩しを考えます。

選ぶ銘柄は、つみたて投資枠でも成長投資枠でも全世界株式もしくは米国株式のインデックスファンドで、年間の運用利回りは5%と仮定します。

年齢は27歳で、そこから18年後の45歳からFIREするイメージで考えてみます。

まず新NISAで年間360万円の満額投資を5年続けた際の、5年目の資産残高を確認しましょう。

1年目の資産残高は360万円ですが、2年目は新規で投資する360万円に加え、1年目の360万円が5%増えるので378万円となり、2年目の時点で合計738万円になります。

新 NISA で満額投資を 5 年続けたら…

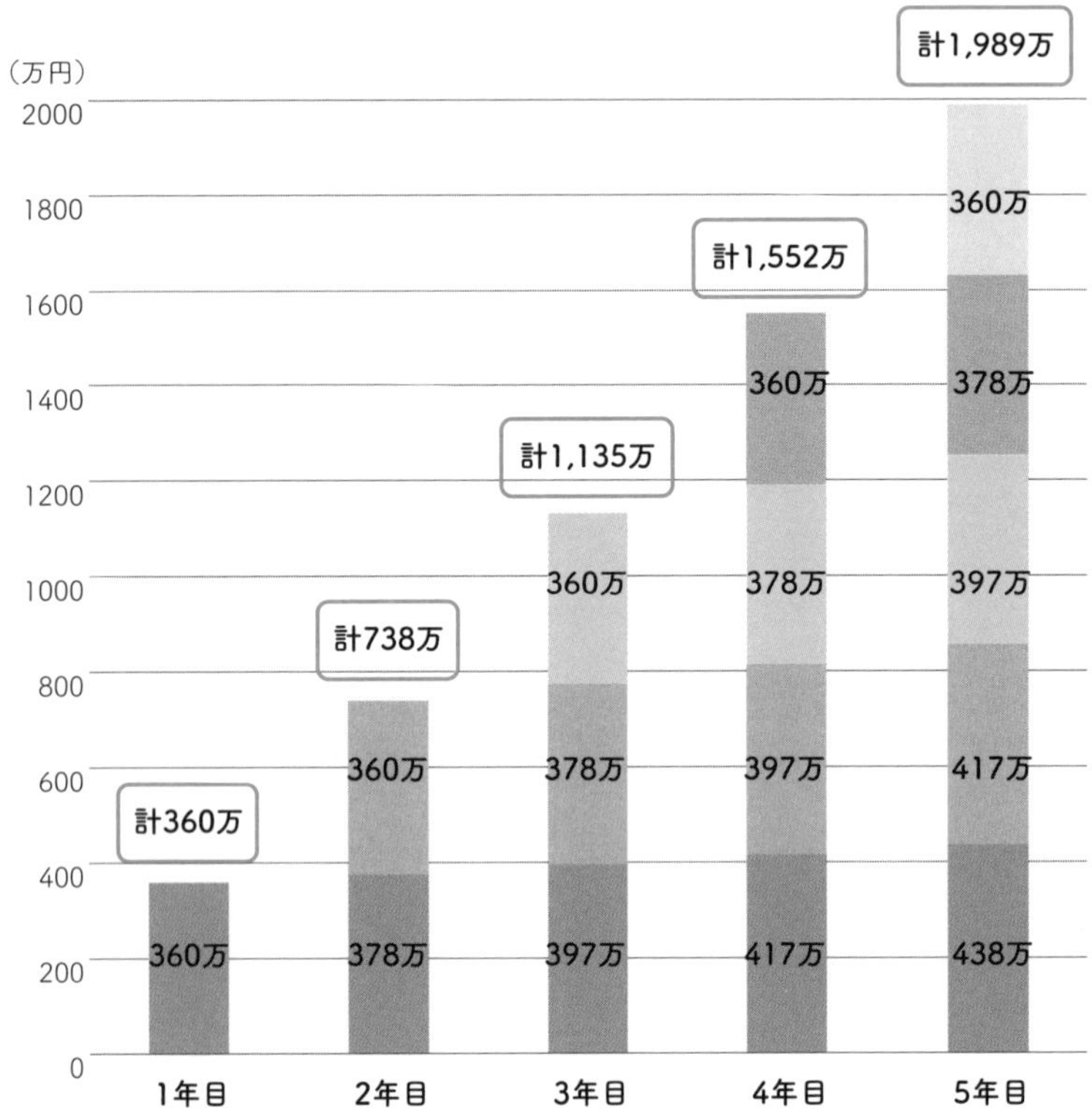

（万円）

	1年目	2年目	3年目	4年目	5年目
	360万	378万	397万	417万	438万
		360万	378万	397万	417万
			360万	378万	397万
				360万	378万
					360万
合計	計360万	計738万	計1,135万	計1,552万	計1,989万

年利5％と仮定すると、1年目に積立した
360万円は2年目には378万円に増えるね。
あとは同じように計算していくと、
5年目には合計で1,989万円になるよ！

あとは同じように計算していくと、5年目の時点でトータルの資産残高は1989万円になります。

その後、運用を続けた際、FIRE前の資産額はいくらになるかも計算してみましょう。

32歳時点の1989万円を45歳までの13年間、年利5％で運用を続けると、**45歳時点での新NISAの資産残高は3750万円**に増えます。

この3750万円を運用しつつ、一例として月16万円（年間で192万円）ずつ売却したとします。**月16万円というのは、生活水準をできるだけ落とした際のFIRE後の毎月の支出想定**です。

ただ、月16万円で生活するのが厳しければ、アルバイトなどの労働収入を少し加えながら生活する、いわゆるサイドFIREの形で考えるのがいいでしょう。

それでは実際に、FIREのシミュレーションを確認してみますが、まず運用をしない場合に月16万円を取り崩していったケースを見てみましょう（データ⑧）。

このケースだと、売却を開始した45歳から20年後の65歳で資金がゼロになって終了してしまいます。

データ⑧ 3,750万円を運用しつつ、月16万円を売却したら？

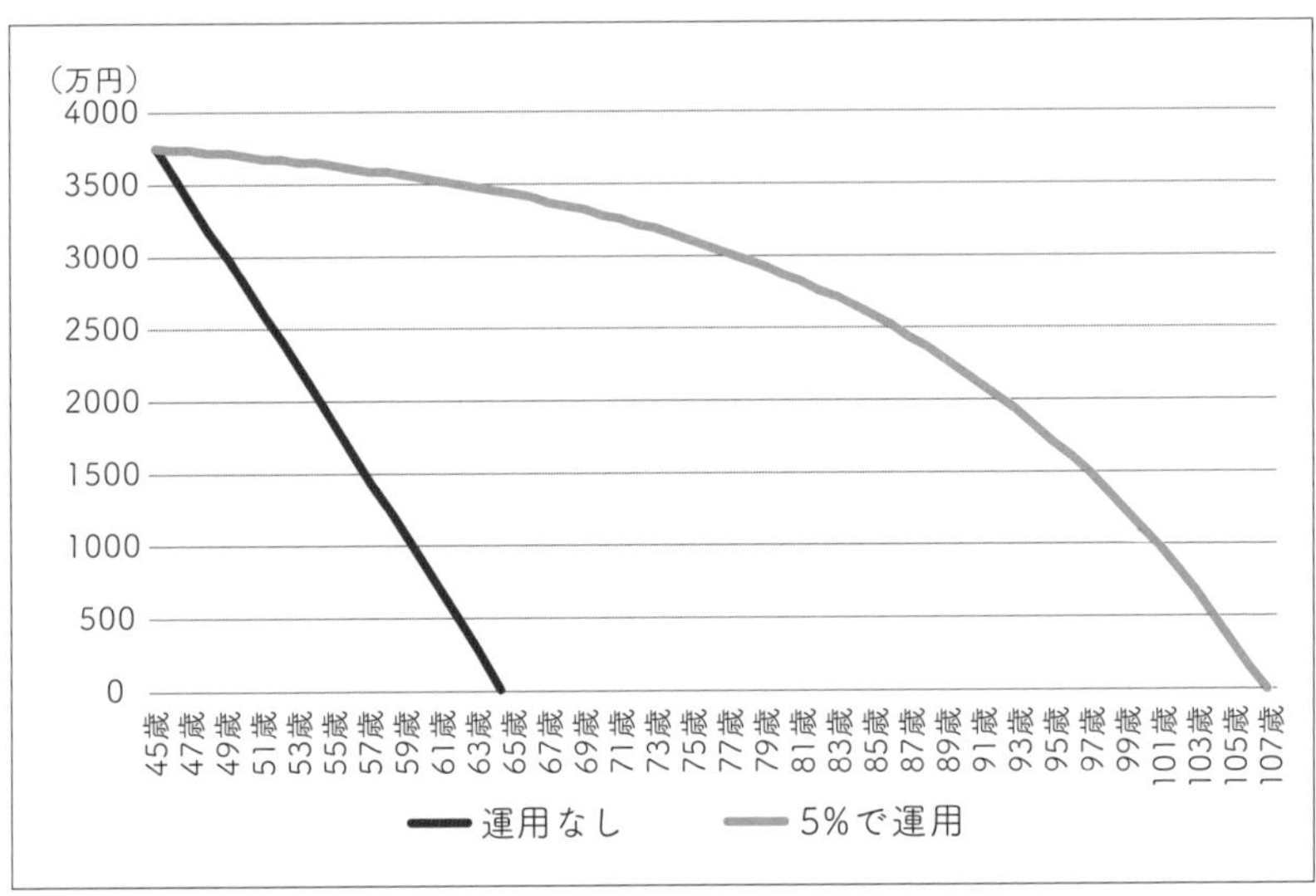

（出所）野村アセットマネジメントの「取り崩しシミュレーション」より筆者作成

一方、年利5％で運用したケースならゆるやかに資産が減っていき、最終的には62年後の107歳で資金がゼロになって終了します。

つまり**45歳から107歳までは、毎月16万円の年金がもらえる**イメージで、新NISAで運用している分なのでもちろん非課税で受け取れます。

新NISAを活用したFIREの理想形とも言えると思うので、若い方は参考までに覚えておくといいでしょう。

第5章のまとめ

・20代は長く運用することで新NISAを最大限有効活用できる

・新NISAは少額から始めても複利がちゃんと期待できる

・若い人が選ぶ銘柄は全世界株式や米国株式のインデックスファンドでOK

・20代なら早めの満額投資でFIREも夢ではない

第6章

30～40代向けの新NISA投資戦略

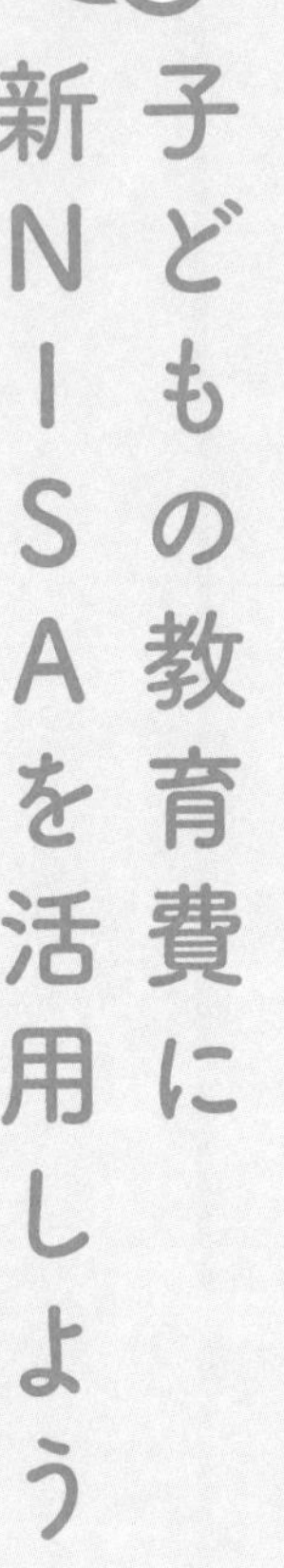

子どもの教育費に新NISAを活用しよう

30~40代の方は、結婚や出産、住宅購入など様々なライフイベントが目白押しです。

そのため、今後予想されるライフイベントの支出額に合わせて、計画的に新NISAの運用も行っていく必要があります。

特に新NISAで用意したい大きな支出として、**子どもの教育費**が挙げられます。

データ⑨は日本政策金融公庫の「教育費負担の実態調査結果」という資料で、高校入学から大学卒業までにかかる教育費が示されています。

令和3年の調査結果では、私立短大に入学した場合は約628万円、国公立大学は約743万円、私立大学文系は約952万円、私立大学理系は約1083万円でした。

私立大学理系では1000万円程度の費用にもなるので、貯金で用意するとなると、だい

データ⑨高校入学から大学卒業までにかかる教育費

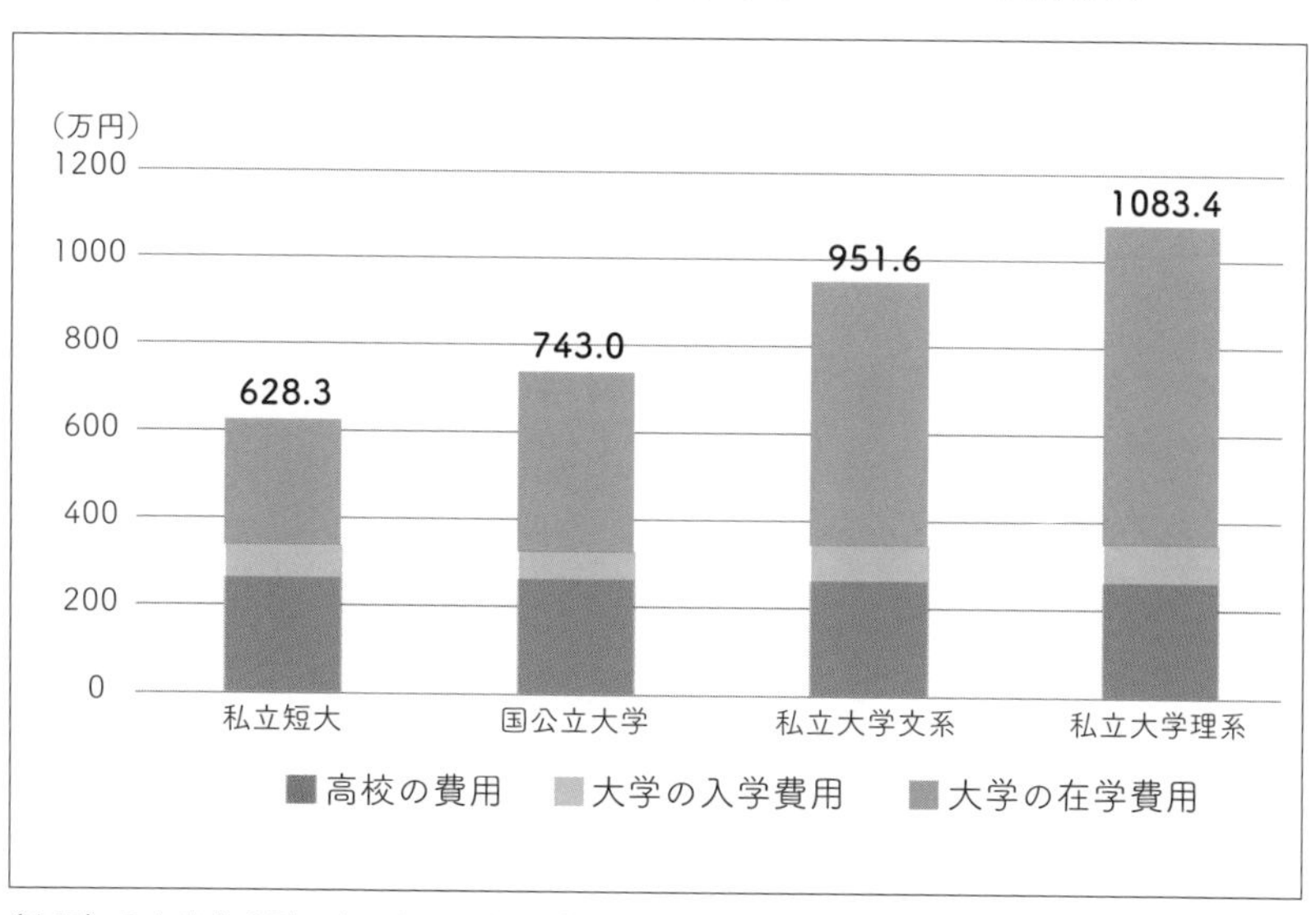

（出所）日本政策金融公庫の令和３年度「教育費負担の実態調査結果」より筆者作成。高校の費用は、国公立・私立を合わせた全体の平均で、入学費用も含まれる。私立短大は、修業年限を２年として算出

ぶ気が遠くなるような大金です。

もちろん毎年の在学費用なども含まれているので、一度にすべての教育費を支払うわけではありません。

ただ分かりやすい目安として、**子どもが18歳になるまでに1000万円の教育資金を準備する**ことを考えてみましょう。

ここで大事なのは、**子どもが小さいうちから新NISAで運用しておく**という戦略です。

新NISAは18歳以上しか利用できないので、親の新NISAを利用することになりますが、仮に生まれたばかりの0歳の子どもであれば、約18年間の運用期

間を確保できます。

たとえば、月３万円の積立を18年間続けて、年利を５％と仮定します。

そうすると18年後には元本６４８万円に対して、約３９７万円の利益となり、元本と利益合わせて１０４５万円もの資産になります。

子どもが生まれてすぐに新ＮＩＳＡで、月３万円の積立を続けておくだけで、将来の教育費を賄えるようになるのですから、これなら準備しやすいですね。

ただ子どもがある程度大きくなっている家庭では、教育費を新ＮＩＳＡで用意するか、貯金のまま置いておくか、悩みどころだと思います。

個人的には、**運用期間は最低でも5年間はほしい**ところでしょう。

そのためお子様が12歳程度、つまり小学生くらいであるなら、今から教育費目的の新ＮＩＳＡ運用を始めるのはアリだと思います。

中学生、高校生くらいのお子様になると、18歳までの運用期間がだいぶ短くなってしまうので、教育費目的の新ＮＩＳＡ運用は控えるのが無難かもしれません。

子どもの教育費を新 NISA で用意しよう！

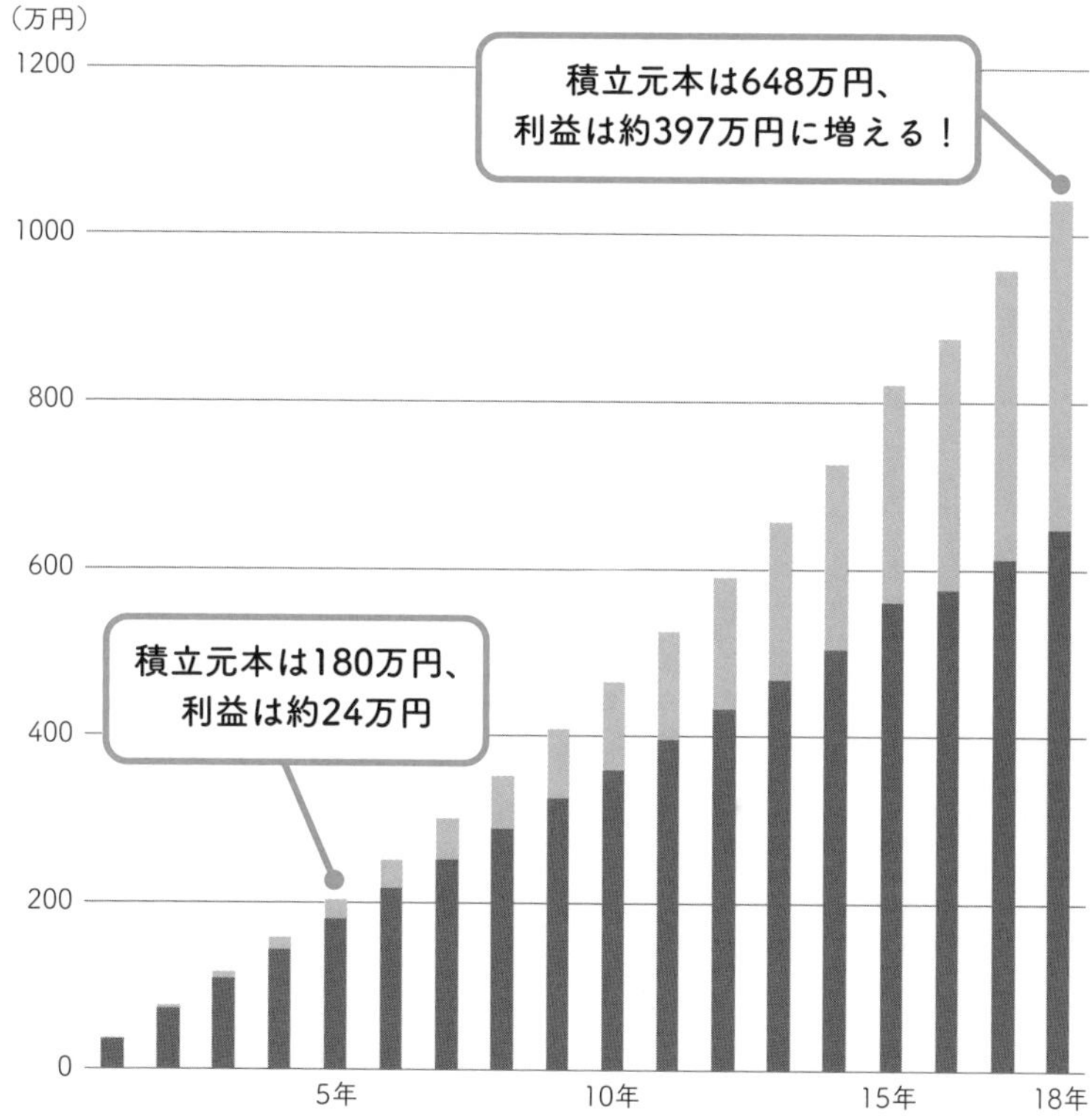

（万円）

1200

1000

800

600

400

200

0

5年　10年　15年　18年

積立元本は648万円、
利益は約397万円に増える！

積立元本は180万円、
利益は約24万円

子どもが生まれてすぐに月3万円の積立を始めて年利5%とすると、18年後には元本と利益合わせて約1,045万円になるから教育費も安心だね！

老後資金の準備にも新NISAはピッタリ

また、30〜40代の方は、おそらく**老後の生活が心配な人も多い**でしょう。

昨今、ニュースでも話題になっていますが、人口減少、少子高齢化によって、私たちがもらえる年金が減っていくことは避けられません。

以前、老後2000万円問題が話題になりましたが、**ゆとりある老後生活を送るためには、自分たちである程度の資産を準備しておくのが大事**です。

65歳から95歳までで、老後生活が30年続くとして、国からの年金とは別に月5万円程度の余裕を持っておく想定をしてみます。

そうなると、月5万円×12カ月×30年=1800万円で、やはり**2000万円程度を老後資金の目安としておくのがいい**でしょう。

ただ、老後に向けて2000万円の資金が必要となっても、30～40代の方はけっして慌てる必要はありません。たとえば**35歳の方なら65歳になるまで30年、45歳の方でも20年**はあります。

45歳から老後資金の準備として、月5万円の積立を20年間続けて、年利を5％と仮定します。

そうすると20年後には元本1200万円に対して、約847万円の利益となり、元本と利益合わせて2047万円もの資産になるので、老後資金の準備もバッチリです。

このように**老後資金の準備目的であれば、運用期間がそれなりに長く取れます**。

なので、30～40代の方は、今から新NISAで老後資金の用意も始めていくといいですね。

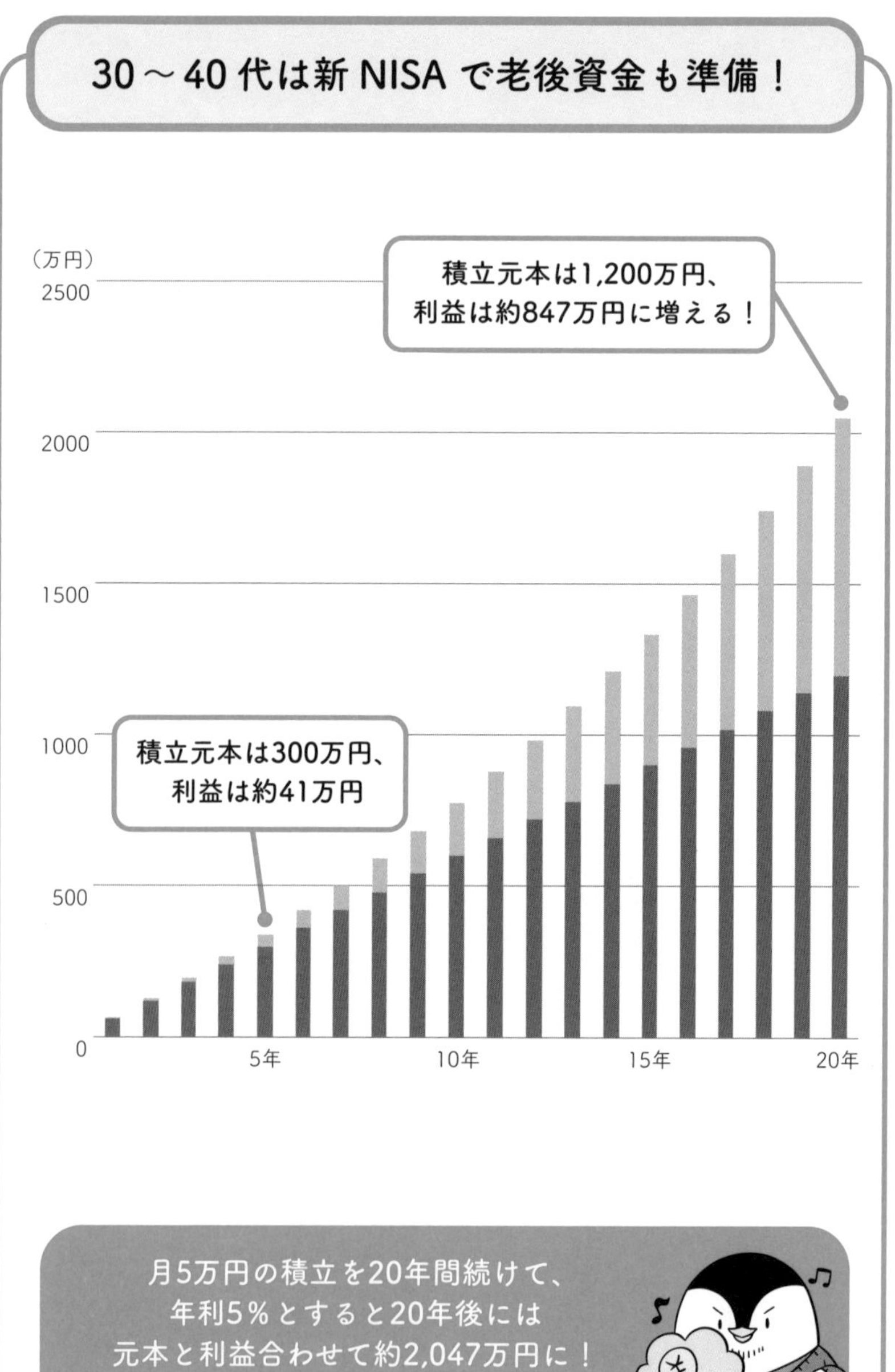
30～40代は新NISAで老後資金も準備！
（万円）
2500
2000
1500
1000
500
0
5年
10年
15年
20年
積立元本は1,200万円、
利益は約847万円に増える！
積立元本は300万円、
利益は約41万円
月5万円の積立を20年間続けて、
年利5％とすると20年後には
元本と利益合わせて約2,047万円に！
40代からでも老後資金の準備は間に合うね

30～40代におすすめの商品は？

30～40代の方も、20代と同様に、**まず全世界株式や米国株式のインデックスファンドで検討してみる**のがいいでしょう。基本的には、今後も長く運用が続けられそうな人であれば、インデックス投資が王道であることに変わりはないですからね。

ちなみに、先ほどお話ししたように、30～40代は様々なライフイベントが起こりやすいため、**運用目的に合わせて銘柄もしくは口座を分けておく**のもいいでしょう。

たとえば、同じ全世界株式のインデックスファンドを選ぶとしても、妻の新NISA口座では子どもの教育費、夫の方では老後資金を目的に積立するというイメージですね。

口座が分かれても、投資先が同じであれば、合計の投資額に対して複利効果は期待できるので、特段問題はありません。

これなら目標額に対しての資産額も分かりやすいので、夫婦で相談しながら、お互いの新NISA口座を上手く活用していきましょう。

まとまった資金を新NISAで投資するには？

30～40代の方は、20代に比べて長く働いていることにより、ある程度の資産が築けている方もいるでしょう。

その際、**まとまった資金を新NISAに回すなら、貯金と投資のバランスを考える**ことが重要です。

手元に1000万円の資産があるとして、それを半分ずつに分け、500万円を貯金、500万円を新NISAの投資でインデックスファンドに振り分けるとします。

その後、もし株式相場が暴落し、保有しているインデックスファンドが50％下落したとすると、250万円の評価額になってしまいます。

しかし一方で、**株式相場が下落した後でも、貯金の残高はそのまま500万円で変わりま**

せん。貯金と投資、合計の資産推移を見ると、1000万円の資産は750万円となりました。投資のみだと50％の下落でしたが、貯金の残高は変わらなかったため、トータルで25％の下落で済んだことになります。

そのため、**貯金と投資の割合は、貯金：投資＝50：50を基準**としてみましょう。

私も基本的には、貯金と投資は半分ずつの割合を目安にしていますね。

その上で、もう少し守りたい人、つまり安定的に運用したい人は貯金：投資＝70：30で、貯金の割合を大きくしておきましょう。

相場の下落時も、多めに確保した現金がクッションとなってくれて、トータルでの下落幅を抑えてくれます。

逆に攻めたい人、つまり積極的に運用したい人は、貯金：投資＝30：70で、新NISAでもまとまった資金を投資するのが分かりやすくていいでしょう。

いずれにしろ、**まとまった資金を投資する際も、株式相場が低迷した時を想定して、貯金をある程度は確保**しておくようにしましょう。

まとまった資金を新 NISA で投資する際は？

50 50

全体の資産のうち
半分を貯金で持っておく

全体の資産のうち
半分を新 NISA で投資
（インデックスファンド）

貯金：投資＝50：50を基準として、
もう少し守りたい人は貯金の割合を大きく、
逆に攻めたい人は投資の割合を大きくしよう！

ちなみに先ほどの例で、５００万円を新ＮＩＳＡで投資する際の補足をしておきます。**新ＮＩＳＡの非課税枠は年３６０万円なので、１年目で３６０万円を投資して2年目に残りの１４０万円を投資する形でＯＫ**です。

残りの１４０万円についてはいったん貯金で置いておけばいいでしょう。

しかし、投資資金を寝かせずに運用へ回しておきたいという方なら、利益に税金はかかりますが、１４０万円を特定口座で投資しておくのもアリだと思います。

ただ、そもそも**まとまった資金を一括投資するのは不安という方なら、月10万円×50ヵ月などで、コツコツ積立しておく**選択肢もいいかもしれませんね。

第6章のまとめ

・30〜40代は新NISAで子どもの教育費や老後資金を用意していこう

・選ぶ銘柄は全世界株式や米国株式のインデックスファンドでOK

・まとまった資金を新NISAに回すなら、貯金と投資のバランスが大事

第7章

50～60代向けの新NISA投資戦略

新NISAは50～60代でも遅くない

「新NISAを50代、60代から始めるのは、年齢的にやめた方がいいでしょうか？」という質問をよくいただきますが、**50～60代からでもけっして遅くはない**と思います。

50～60代の方は若い人に比べ、どうしても運用期間が短くなってしまいますが、それでも新NISAに興味があれば少額から始めてみるのはアリでしょう。**今は人生100年時代とも言いますし、思いのほか運用を長く続けられるかもしれません**。

また50～60代の人が今から新NISAを始めるその他のメリットは、定年退職して受け取った**退職金を資産運用に回す際、失敗しないための経験を積める**点も非常に大きいです。

退職金を受け取ると、銀行や証券会社などの金融機関から、資産運用の案内が届くことがあります。ただ、自分であまり調べずに、金融機関任せで運用してしまったことによる損失や後悔の声を多く聞くのが実情です。退職金の運用で失敗しないためにも、50～60代からでも新NISAで少しずつ投資の経験を積んでおくのは大事でしょう。

50～60代におすすめの商品は？

50～60代の方が新NISAで商品を選ぶ際も、まだ運用期間がしばらくは取れると考える方なら、全世界株式もしくは米国株式のインデックスファンドでいいでしょう。

ただ、**年齢を考えてもう少し安定的に運用していきたいなら、債券が含まれた投資信託**を検討するのがいいと思います。

債券とは、国や会社などが、投資家からお金を借りるために発行する証券です。国が発行する国債や、会社が発行する社債など色々な種類がありますが、基本的には株式より比較的値動きが小さいローリスク・ローリターンの金融商品だと思ってください。

リスクというと危険性のような意味合いで捉えがちですが、**投資の世界では、得られるリターン（利益）の振れ幅**のことを指します。

ここで、つみたて投資枠で選べる商品の中で、大まかなリスク別の投資信託を一例として

株式と比べた債券のイメージを掴もう

株式
（比較的リスクが大きい）

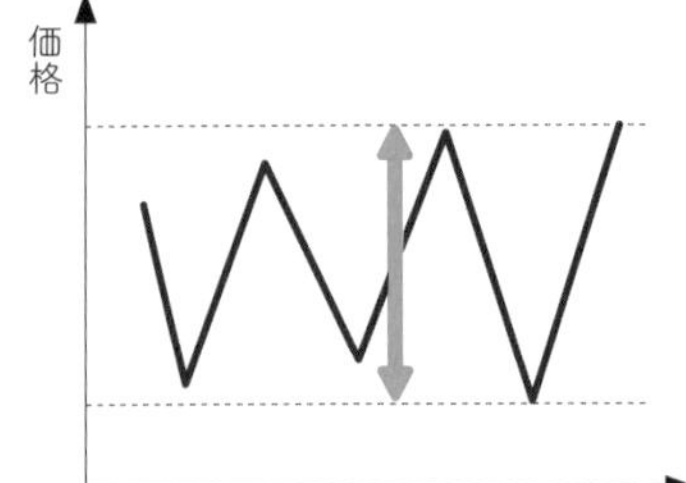

利益が大きい時もあれば
損失が大きい時もある

債券
（比較的リスクが小さい）

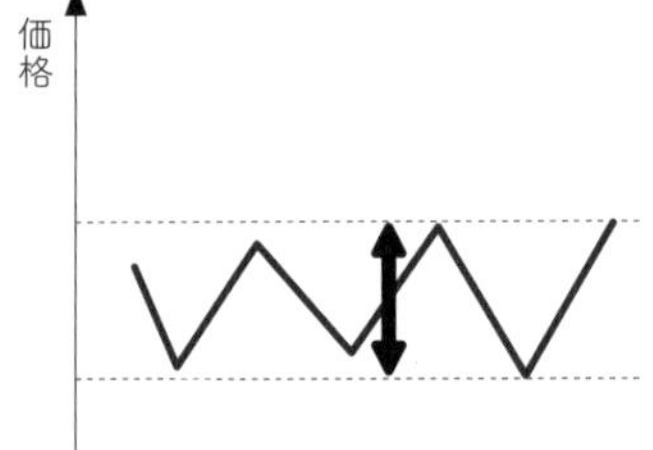

利益は小さくなるが、
損失も小さくて済む

債券は株式に比べてリスク（値動きの幅）が
小さく安定した値動きになるけど、
将来のリターン（利益）も小さくなるよ！

紹介します。

高リスク商品は、ここまで紹介してきたeMAXIS Slim全世界株式（オール・カントリー）が人気です。もしくは米国株のみで運用したいなら、eMAXIS Slim米国株式（S&P500）を選ぶといいでしょう。

中リスク商品は、eMAXIS Slimバランス（8資産均等型）という株式や債券、REIT（不動産投資信託）などでバランス良く構成されている投資信託がよく選ばれています。

ただ2020年のコロナショックの際、8資産均等型はREITの回復が鈍かったことで全世界株式以上に損失が大きくなった時もあったので注意しましょう。

低リスク商品は、三井住友・DC年金バランス30（債券重点型）がおすすめです。

つみたて投資枠では債券のみで運用する投資信託を選ぶことはできないのですが、この銘柄は債券が多めの構成になっているので、比較的値動きが安定していますね。

私は2020年の初めから、これら3銘柄に月1000円ずつ積立を行っていました。2023年末で48カ月経ったのですが、値動きにだいぶ違いが出ています（図表参照）。

eMAXIS Slim全世界株式（オール・カントリー）は、コロナショック時に－16・11％と下落しましたが、その後は回復し、48カ月目には＋44・64％と大きく上昇しました。

一方の三井住友・DC年金バランス30（債券重点型）は、コロナショック時でも－4・01％と下落幅は小さかったのですが、48カ月目は＋10・66％とそこまで上昇しませんでした。

この運用結果を踏まえ、**50～60代の方で安定的に運用していきたいなら、新NISAで債券重視の投資信託を選ぶのはアリ**だと思います。ただその場合、将来的なリターンはどうしても限られてしまうことも、併せて知っておくといいでしょう。

あとは50～60代における銘柄選びの他の選択肢として、第2章で紹介した**高配当株投資**を検討するのもいいでしょう。国からの年金では足りない老後の生活費を、配当金で用意していく「じぶん年金」を作ることができますからね。

仮に**新NISAの成長投資枠で高配当株投資を行った際、月○円の配当金を受け取るに**

つみたて投資枠で選べるリスク別の3銘柄！

高 ↑ リスク ↓ 低

ファンド名	ファンド内の資産配分	信託報酬（税込）
eMAXIS Slim 全世界株式（オール・カントリー）	日本を含めた先進国・新興国株式で100%構成	年0.05775%
eMAXIS Slim バランス（8資産均等型）	国内株式・先進国株式・新興国株式・国内債券・先進国債券・新興国債券・国内REIT・先進国REITに各12.5%	年0.143%
三井住友・DC年金バランス30（債券重点型）	国内株式20%・外国株式10%・国内債券55%・外国債券10%・短期金融資産5%	年0.242%

リスク別3銘柄の運用実績

コロナショックの時の値動きの違いが凄いね！

	1カ月目	2カ月目	3カ月目	4カ月目	・・・	48カ月目
全世界株式	+4.16%	−16.11%	−8.57%	−3.00%	・・・	+44.64%
8資産均等型	+2.13%	−9.18%	−8.10%	−3.97%	・・・	+20.75%
債券重点型	+1.06%	−4.01%	−2.13%	−0.57%	・・・	+10.66%

2020年1月から3銘柄に月1,000円ずつ積立して、1カ月ごとの損益をまとめたよ。48カ月運用した結果は、リスクの違いでリターンにも差が出たね

※2020年1月～2023年12月までの運用実績をもとに算出
※運用実績については毎月1日に、各銘柄に月1,000円ずつ積立注文を行った際の損益率を掲載

は、いくらの投資元本が必要かを考えてみましょう。

高配当ETFの代表格であるVYMなら、配当利回りは年3％が目安となります。

まず月5000円、つまり年間で6万円の配当金を受け取るなら、6万円÷3％＝200万円の投資元本が必要です。次に月1万円、つまり年間で12万円の配当金を受け取るなら、12万円÷3％＝400万円の投資元本が必要に。そして月2万円、年間で24万円の配当金を受け取るなら、24万円÷3％＝800万円の投資元本が必要に。最後に月3万円、年間で36万円の配当金を受け取るなら、36万円÷3％＝1200万円の投資元本が必要となります。

そのため、**新NISAの成長投資枠1200万円をすべて高配当株投資で埋めたなら、毎月3万円が税引き前で受け取れる**ことになります。

ただ前述のように新NISAでは米国株・米国ETFへの配当金に対して国内課税（約20％）は非課税となりますが、米国課税（10％）はかかってきます。

そうすると、VYMから税引き前で3万円の配当金があっても、米国課税10％は引かれて、手元に残るのは月2万7000円になります。このようなイメージで、配当金をじぶん年金として、老後資金の足しに考えるといいでしょう。

50～60代は新NISAで高配当株投資もアリ！

高配当ETFの代表格であるVYMで
配当利回りは3%程度が目安

配当金	必要な投資元本
月5,000円（年間6万円）	200万円
月1万円（年間12万円）	400万円
月2万円（年間24万円）	800万円
月3万円（年間36万円）	1,200万円 （成長投資枠の上限）

定期的に配当金を
受け取るとやっぱり
投資が楽しくなるね！

新NISAの成長投資枠で高配当株投資を行えば、
受け取った配当金を老後資金の足しにできるよ！
なので、50～60代の人は新NISAの戦略として
高配当ETFのVYMなども考えてみるといいね

50〜60代でよくある投資の失敗例とは

50〜60代の新NISAにおける投資戦略が分かってきたところで、よくある失敗例も知っておきましょう。**運用できる期間が若い人に比べて短いという焦りからか、私の元にも50〜60代の方から投資で失敗した**という相談をしばしばいただきます。

まずは代表的な失敗例として、**自分がよく分かっていないものに投資してしまう**ことがあります。

投資商品でいうと、たとえば暗号資産やFX、また個別株などですね。

いずれも短期間で高いリターンを得られるかもしれないという話から、中身がよく分からなくても飛びついてしまう人が後を絶ちません。

ただ、これらの商品自体への投資が絶対ダメというわけではなく、本当にその商品の仕組みや注意点を理解しているかが大事です。

「自分がよく分かっていないものには投資しない」とは資産運用における格言ですが、誰かが勧めてきたからという安易な発想で投資しないように気を付けてください。

また、先ほどリスクとリターンの話をしましたが、これらは表裏一体の関係にあります。つまり、**短期間で得られるかもしれないリターン（利益）が大きいほど、すぐに大損してしまう恐れもあります**。

「50～60代で投資を始めたから、早く利益を出して大きく儲けたい」と考える方も多いですが、新NISAにおける投資はあくまで時間をかけてコツコツと続けていくことが大切なのを忘れないでください。

また、50～60代でまとまった資金を新NISAの投資に回そうという方も、まずは**月数千円～数万円の少額投資からスタートすることをおすすめ**します。

せっかくだから退職金も使って大きな金額で始めたいと思うかもしれませんが、その後に暴落が起きて狼狽（ろうばい）売り（株価が急落する様子を見て、保有している株式を慌てて売却してしまうこと）してしまったら、目も当てられませんからね。

投資に慣れてきた段階で、少しずつ新NISAの投資額も増やしていけばいいので、慌てず余裕を持って始めていきましょう。

自分の父の運用実績も公開

最後に参考として、**60代である私の父の運用実績**もシェアしておきます。

米国ETFで複数の投資商品を買っているため、やや中級者よりの運用となりますが、ちょっと難しいなと思った方はさっと目を通すだけでもOKですよ。

米国ETFは第2章でも紹介しましたが、ニューヨークなどの証券取引所に上場している投資信託でしたね。

投資信託では選べない商品も、米国ETFならラインナップしている特徴があります。

まず初めに、私の父が保有している米国ETFは3銘柄で、VTI、VGLT、そしてIAUです。

VTI（バンガード・トータル・ストック・マーケットETF）は、全米株式とも言われますが、S&P500とパフォーマンスに大きな差はないので、eMAXIS Slim米国株式（S&P500）などで代替可能です。

またVGLT（バンガード・米国長期国債ETF）は債券の一種ですが、米国長期国債に連動します。

先ほど、債券はローリスク・ローリターンだとお伝えしましたが、米国長期国債はやや特殊で、リスクは比較的高く、米国株と反対の値動きをする傾向があります。

その上で、米国長期国債に連動する投資信託は見つけられていないので、米国ETFで購入することになりました。

最後にIAU（iシェアーズ・ゴールド・トラスト）は、いわゆる金（ゴールド）で、株式や債券とはまた異なった値動きをする傾向があります。

金に連動する投資信託は色々とあるので、米国ETFでなくても大丈夫です。

以前までは米国ETFの方がコストは安いと言われていたのですが、今は投資信託のコストもかなり安くなってきました。

そのため、投資信託で選べる商品なら、米国ETFで買う必要はありません。

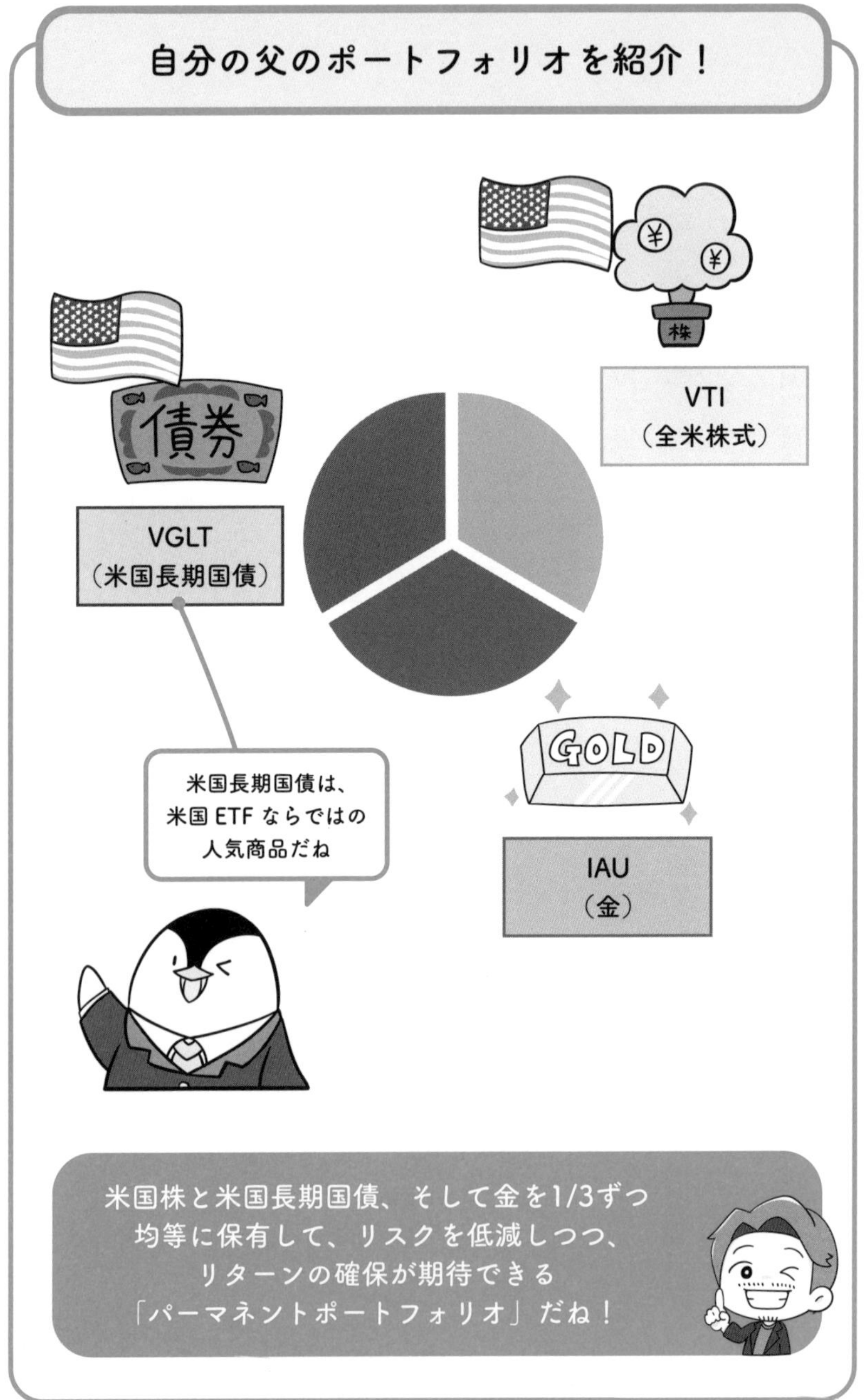
自分の父のポートフォリオを紹介！
債券
VGLT
（米国長期国債）
VTI
（全米株式）
株
GOLD
IAU
（金）
米国長期国債は、
米国 ETF ならではの
人気商品だね
米国株と米国長期国債、そして金を1/3ずつ
均等に保有して、リスクを低減しつつ、
リターンの確保が期待できる
「パーマネントポートフォリオ」だね！

これら**米国株と米国長期国債、そして金を1／3ずつ均等に保有する組み合わせを、「パーマネントポートフォリオ」**と言います。

パーマネントとは永遠の、永続的な、という意味ですが、このポートフォリオは文字通り永久保有を目的としており、リスクを低減しつつ、リターンの確保が期待できます。

米国株、米国長期国債、金は、それぞれが異なる値動きをする傾向があるため、こちらの過去5年間のグラフ（次ページ）を見てください。

全米株式のVTIは、過去5年で大きく上昇していますが、2020年のコロナショックの際には大幅に下落しています。

一方、米国長期国債のVGLTは、VTIと逆の値動きをしている傾向があり、コロナショックの際は値上がりしています。

また、金であるIAUは、VGLTやVTIとは異なる値動きをしていながら、コロナショックの際には上昇基調だったことが分かります。

私の父は**2020年の初めから、投資資金1000万円を3分割して、333万円ずつVTI、VGLT、IAUに投資してパーマネントポートフォリオの運用を開始**しました。

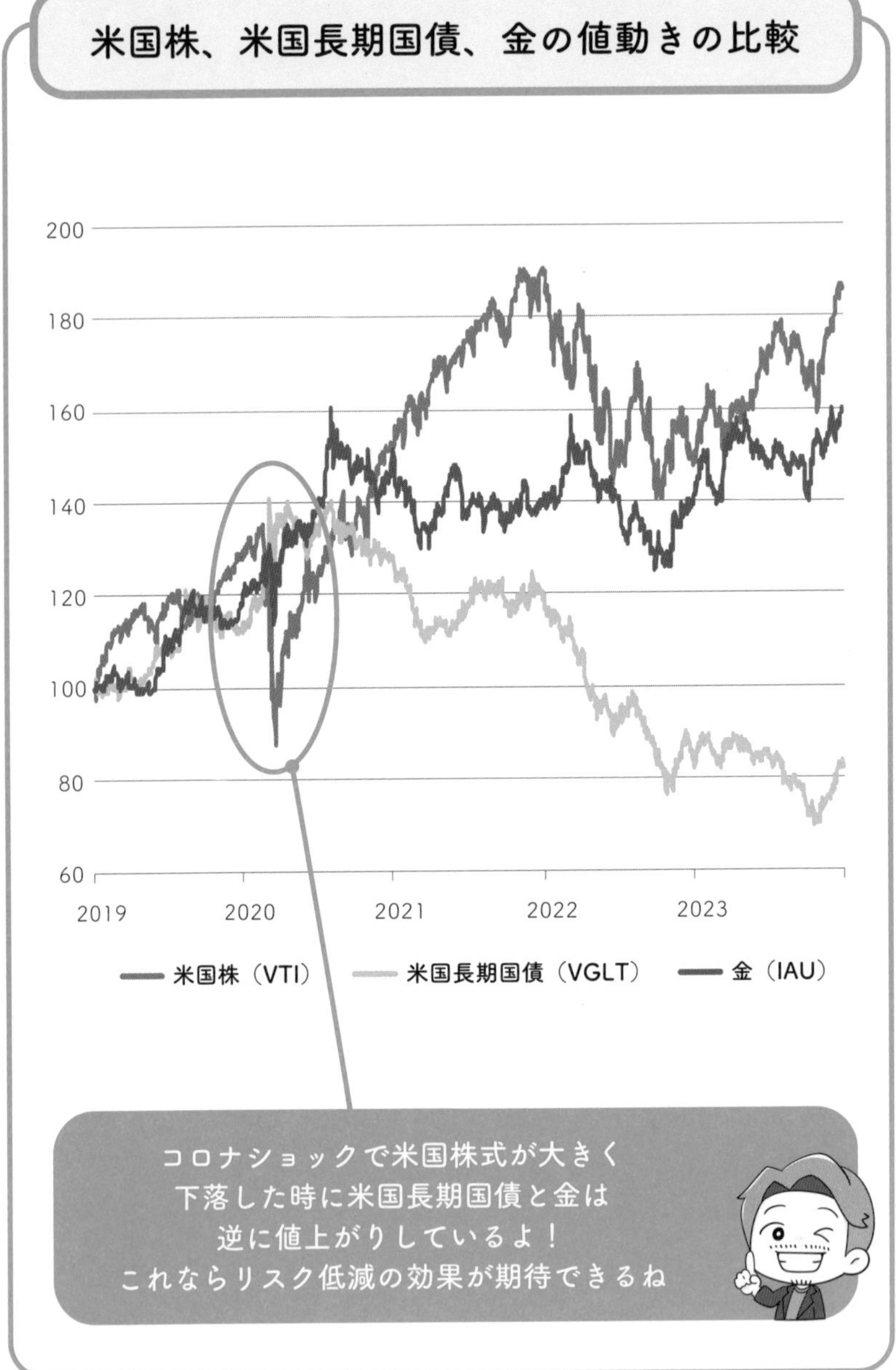

（出所）Yahoo! ファイナンスより筆者作成。各 ETF すべて 2019 年＝ 100 とした値。
対象期間は 2019 ～ 2023 年

月末時点の残高で、2020年1月は1025万円、2月は1021万円と順調に推移していましたが、3月にコロナショックがありました。

しかし、コロナショックでも月単位では、月末時点で1003万円と前月比2〜3%程度の下落で済みました。

米国株が下落しても、米国長期国債と金が値上がりしたことで、パーマネントポートフォリオの守備力の高さが証明されました。

そしてその後は株式相場も順調に回復し、**2023年12月末時点の評価額は約1569万円**になりました。投資元本は1000万円だったので、約569万円の大幅な含み益となっています。ただし、これは昨今の歴史的な円安による為替差益も含まれているので注意してください。

父の運用を見てきた自分の感想としては、**パーマネントポートフォリオは、リスクを抑えながら手堅く運用していきたい人に向いている**と思っています。

50〜60代における新NISAの投資先としても、ぜひ検討してみてください。

父のパーマネントポートフォリオ運用実績

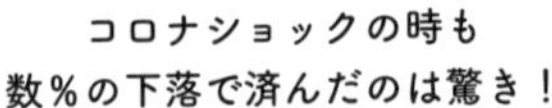

円安の影響もあり
大幅な含み益に

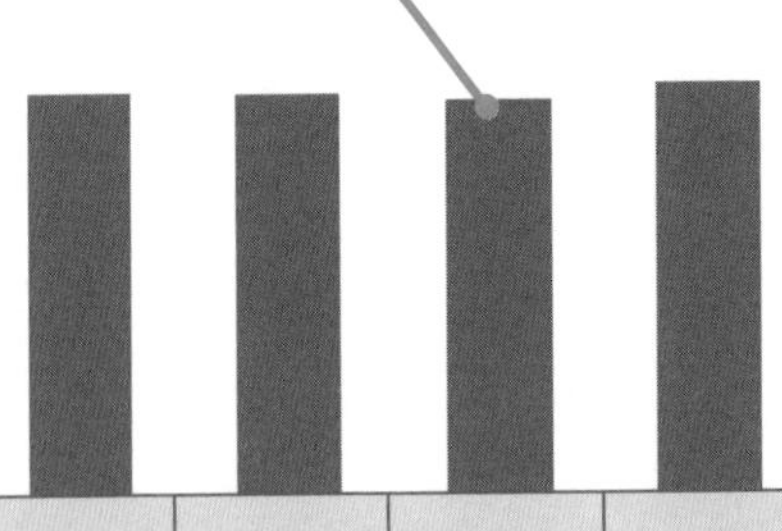

	1カ月目	2カ月目	3カ月目	4カ月目	・・・	48カ月目
元本1,000万円	1,025万	1,021万	1,003万	1,048万	・・・	1,569万
損益率	+2.5%	+2.1%	+0.3%	+4.8%	・・・	+56.9%

僕の父はパーマネントポートフォリオを
2020年の初めから開始したので、
すぐにコロナショックがあったけど
あまり下がらなかったね！

第7章のまとめ

・人生100年時代の今、50〜60代からでも新NISAはけっして遅くない

・選ぶ銘柄は安定的に運用したいなら債券、年金の足しなら高配当株投資もアリ

・守備力が高いパーマネントポートフォリオは、50〜60代にもおすすめ

第8章

新NISAのよくある質問にまとめて回答

Q つみたてNISAで運用していた分はどうなる？

2024年から新NISAが始まったことで、2018〜2023年につみたてNISAで投資していた人は、色々と疑問が出てくるでしょう。

そこで**新NISA開始によって、つみたてNISAで運用していた分はどうなるのか**、順番に解説しますね。

①つみたてNISAですでに投資した分の非課税期間は続く
②つみたてNISAで投資した分と、新NISAの生涯投資枠は別
③つみたてNISA口座を開設していた金融機関で、新NISA口座も自動開設
④つみたてNISAの出口戦略は非課税期間終了後に順次、売却がベター

まず前提として、**2023年までのNISA制度と、2024年からの新NISA制度は、まったくの別物**として認識しておきましょう。

たとえば2023年に、つみたてNISA口座で積立投資を始めていたとします。

つみたてＮＩＳＡの非課税期間は最長20年なので、２０２３年に積立した分は２０４２年で非課税期間が終了します。

そして２０２４年からは、新ＮＩＳＡ口座で投資を始めたとすると、新ＮＩＳＡで積立した分は非課税期間が無期限となります。

ただ新ＮＩＳＡで投資を始めた後も、２０２３年までにつみたてＮＩＳＡで積立した分は、最長20年の非課税期間のまま運用が続いていきます。

誤解されがちですが、**新ＮＩＳＡが始まったからと言って、つみたてＮＩＳＡで投資した分の非課税期間は無期限になりません**。

つまり、**２０２３年までにつみたてＮＩＳＡで積立を始めていた人は、つみたてＮＩＳＡ口座と新ＮＩＳＡ口座、２つの口座を別々に保有する**ことになります。

しかし、２０２４年以降は、つみたてＮＩＳＡ口座では新規の積立はもうできず、あくまで２０２３年までに積立した分の運用のみ可能となります。

また注意点として、つみたてＮＩＳＡ口座で投資した銘柄を、新ＮＩＳＡ口座へ移管することも不可なので注意しましょう。

新 NISA 開始後もつみたて NISA の運用は続く

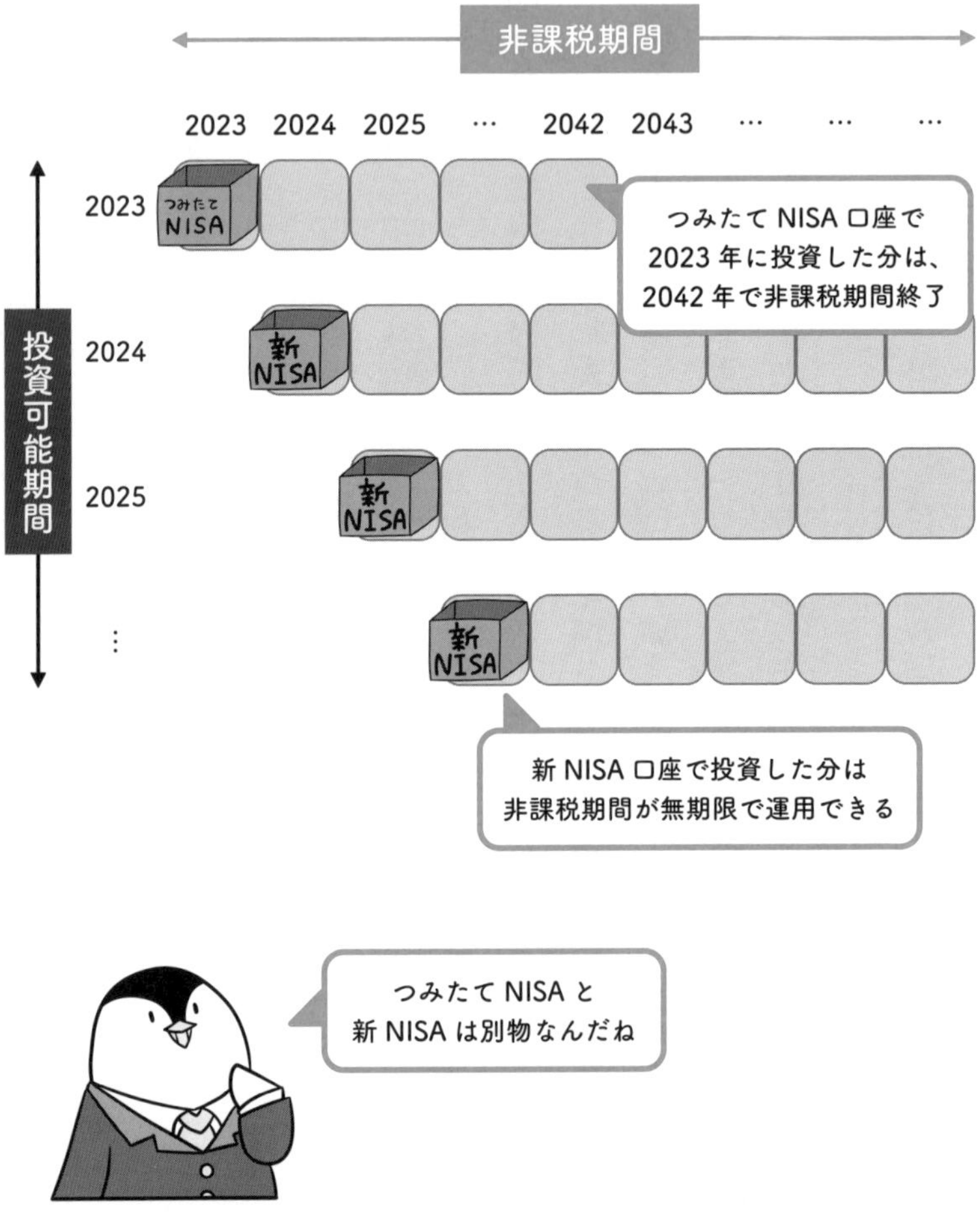

非課税期間

2023 2024 2025 … 2042 2043 … … …

投資可能期間

2023 つみたてNISA

2024 新NISA

2025 新NISA

… 新NISA

つみたて NISA 口座で
2023 年に投資した分は、
2042 年で非課税期間終了

新 NISA 口座で投資した分は
非課税期間が無期限で運用できる

つみたて NISA と
新 NISA は別物なんだね

2023年までにつみたてNISAで積立した分は、
そのまま最長20年の非課税期間で運用が続くよ！
つみたてNISAの分を、新NISAへ移管はできないね

ちなみに、新NISA口座でまとめて管理するために、つみたてNISAで投資した分をいったん売却するのはどうかとよく聞かれますが、私はおすすめしていません。

なぜなら、**つみたてNISAで投資した分と、新NISAの生涯投資枠は別で計算**されるからです。

2023年につみたてNISA口座にて、満額の40万円を投資したとします。

一方、新NISAの生涯投資枠は1800万円でしたね。その上で、新NISAの生涯投資枠とつみたてNISAの投資分は別のため、この例だとトータルの非課税投資枠は40万円＋1800万円＝1840万円になります。

このように、**2023年までにつみたてNISAを始めていた人は、それだけトータルの非課税枠が増える先行者利益がある**と言えます。

そのため、つみたてNISAの保有分はすぐに売却せず、運用を続けるのがいいですね。

しかし、新NISAで月5000円などの少額積立のため、生涯投資枠1800万円を使い切るほど大きな資金の投資は難しいという方もいるでしょう。

つみたてNISAの枠と新NISAの生涯投資枠は別

2023年に
40万円を投資

生涯投資枠
1,800万円

トータルの
非課税投資枠は
1,840万円に！

2023年までにつみたてNISAを始めていた人は、
トータルの非課税枠が増える先行者利益があると
言えるから、つみたてNISA分は売却せず
そのまま運用を続けておこう！

それならば、やはりつみたてNISAの保有分は売却して、新NISAで改めて投資することで、非課税期間が無期限の新NISA口座での管理にまとめたいという声もあります。

ただ個人的には、つみたてNISAの非課税期間20年でもじゅうぶんに長いので、あまり深く考えすぎず、**つみたてNISAの保有分はそのまま放置して運用を続けておくのがベター**でしょう。

ちなみに**新NISA口座は、2023年につみたてNISA口座を開設している銀行や証券会社と、同じ金融機関にて自動で開設**されます。

つみたてNISAの積立設定も、新NISAのつみたて投資枠へ引き継がれているはずなので、確認してみるといいでしょう。

しかし積立設定が引き継がれても、2023年までに積立した分はつみたてNISA口座、2024年以降に積立した分は新NISA口座というように別々で保有資産に管理されます。

ただ**口座が分かれても、投資先が同じなら合計の投資額に対して複利が効くと思えばOK**

つみたてNISA口座があれば
新NISA口座は自動開設

2023年まで	2024年から
A銀行でつみたてNISA	A銀行で新NISA

2023年につみたてNISA口座を開設している
銀行や証券会社と、同じ金融機関で
新NISA口座は自動で開設されるよ！

つみたてNISAの積立設定も、新NISAにおける
つみたて投資枠へ引き継がれているはずなので、
一緒に確認してみるのがいいね！

です。なので、口座が分かれること自体はあまり気にせず、そのまま運用を続けておきましょう。

最後に、**2023年までにつみたてNISAで投資した分の出口戦略**について知っておきましょう。つみたてNISAは積立をした年から20年の非課税期間が終了するまでは、どのタイミングで売却しても、利益に税金がかかりません。

ただ必ずしも非課税期間が終わるまでに売却する必要はなく、**非課税期間の終了時に保有していた商品は自動で課税口座に移ります**。

「税金がかかる口座に移ったら、NISA口座の意味がないんじゃないの？」と思うかもしれませんが、そんなことはありません。

たとえば、非課税期間の終了時点で値上がりしているケースを見てみましょう。

ある年につみたてNISA口座で投資信託を40万円積立したとして、20年後に100万円に増えたとします。

そうすると、**運用していた投資信託は非課税期間の終了時点でつみたてNISA口座から課税口座に移りますが、その際の価格（時価）が新しい取得価格**になります。

つまり40万円で購入した投資信託は、課税口座に移る際に100万円で購入したものとな

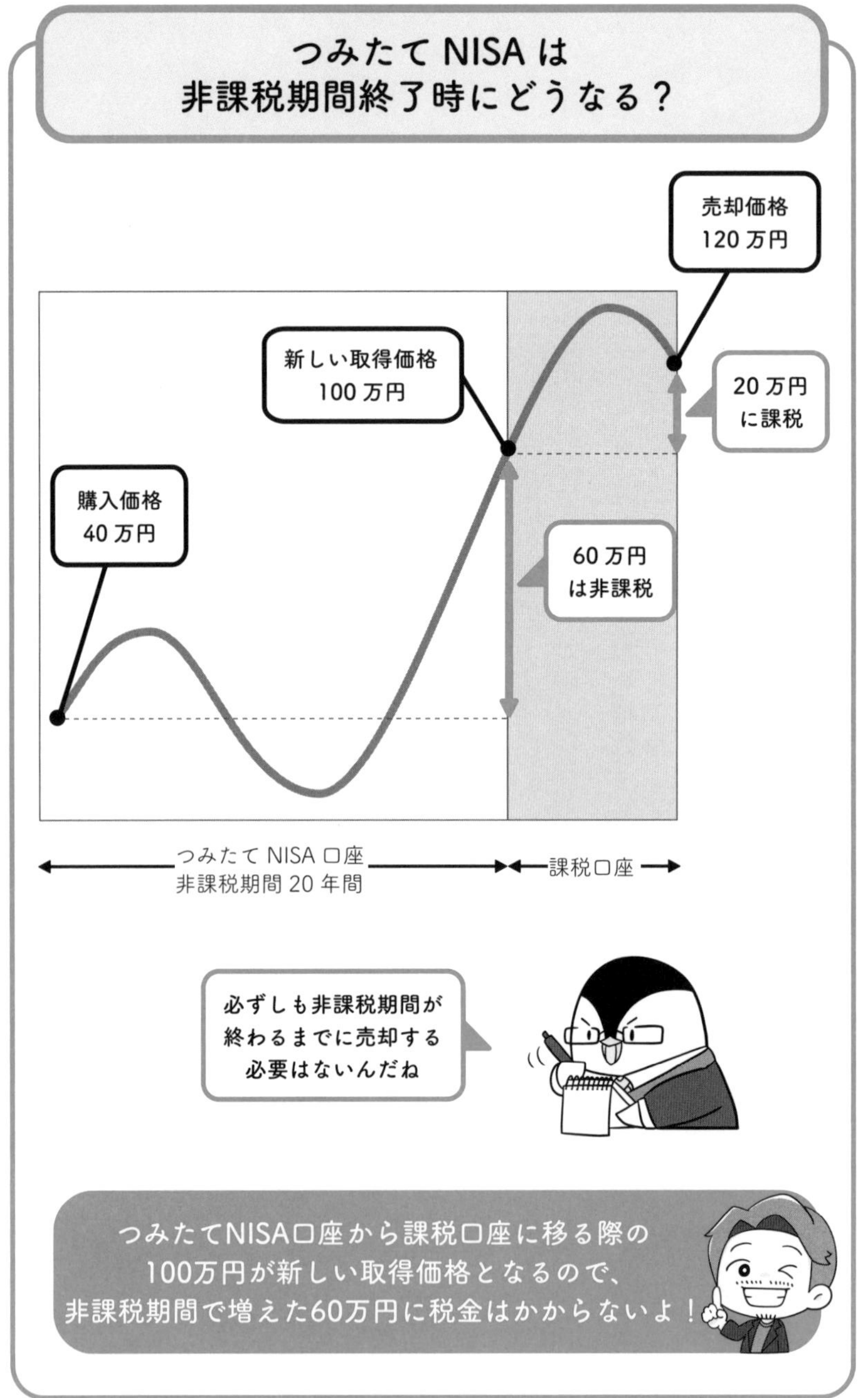
つみたてNISAは
非課税期間終了時にどうなる？
売却価格
120万円
新しい取得価格
100万円
20万円
に課税
購入価格
40万円
60万円
は非課税
つみたてNISA口座
非課税期間20年間
課税口座
必ずしも非課税期間が
終わるまでに売却する
必要はないんだね
つみたてNISA口座から課税口座に移る際の
100万円が新しい取得価格となるので、
非課税期間で増えた60万円に税金はかからないよ！

るので、非課税期間で増えた60万円には税金がかかりません。ただし、課税口座に移った後に増えた利益については課税されるので、その点は注意しましょう。

これを踏まえて、つみたてNISAの出口戦略を整理します。

まず**非課税期間終了時に、すぐにお金を使う予定がなければ課税口座に移った後もそのまま運用を続けるといい**でしょう。

新NISAの非課税枠に空きがあるならば、いったん売却して、新NISAで改めて投資する形でもOKです。

その上で、**子どもの大学費用など家族のライフイベントで必要になった分だけ都度売却するか、老後が近づいたら少しずつ売却して生活費に充てる**のがおすすめです。新NISAの出口戦略と考え方は同じですね。

このように、つみたてNISAの出口戦略はシンプルでOKなので、つみたてNISA口座で投資している人は、将来を楽しみに運用しておきましょう。

Q 一般NISAで運用していた分はどうなる？

新NISA開始後の一般NISAの取り扱いについては、基本的にはつみたてNISAと同じ認識でいいでしょう。

新NISAで投資を始めた後も、2023年までに一般NISAで投資した分は、最長5年の非課税期間のまま運用が続いていきます。

また一般NISAで投資した分と、新NISAの生涯投資枠は別で計算されますね。

他には一般NISA口座を開設していた金融機関で、新NISA口座も自動開設となります。異なる点を挙げるならば、一般NISAにおける積立設定は、新NISAの成長投資枠へ引き継がれることになっています。

ただし、**一般NISAで投資できた毎月分配型や高レバレッジ型の投資信託などは、成長投資枠では対象外のため投資できません**。

それでは、一般NISAを運用していた方が必ず知っておくべき、**2024年以降、ロー**

ルオーバーが不可になった点について解説します。

一般NISAの非課税期間は最長5年ですが、非課税期間終了後に、翌年の非課税枠に移管（ロールオーバー）して、非課税期間をさらに5年間更新させることができました。

たとえば2018年に一般NISAで投資した分は2022年で非課税期間が終了します。しかしロールオーバーの手続きを行うと、非課税期間が終わる2022年の翌年、つまり2023年の非課税枠に移管して運用を継続することができました。

ここで、ロールオーバーのメリットを解説しておきます。

たとえば一般NISA口座にて30万円で投資した商品が、約5年間の運用で非課税期間終了時に130万円まで値上がりしていたとします。

この際にロールオーバーの手続きを行えば、ロールオーバー時に商品の時価評価額（先ほどの例では130万円）が、一般NISAの非課税枠120万円を超えていても、全額移管ができます。

つまり、**投資で得た利益を含めてロールオーバーを行うことで、非課税枠を超える分もそのまま、最長5年間の非課税運用を続けられるのがメリット**なのです。

一般NISAのロールオーバーとは？

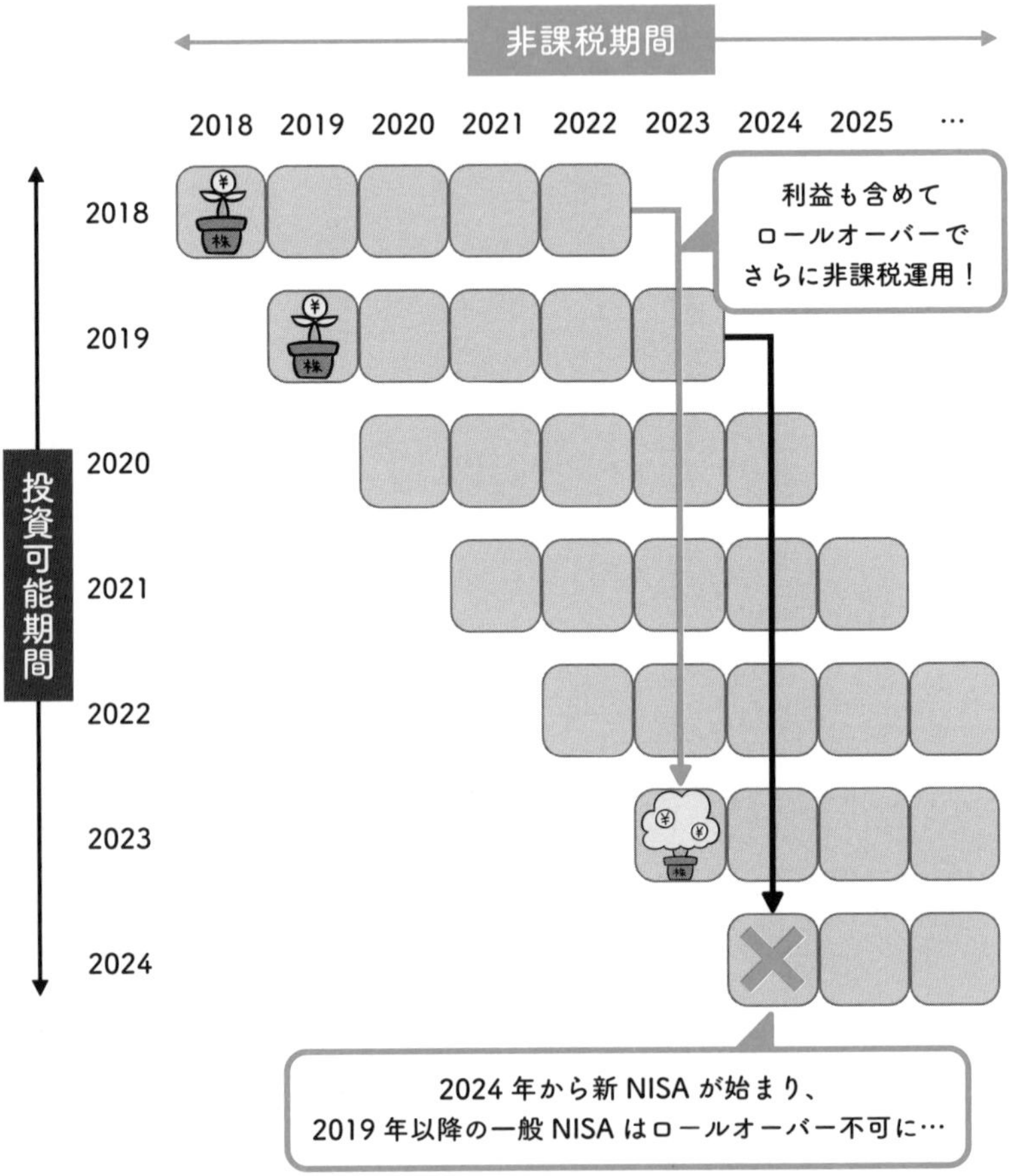

非課税期間

2018 2019 2020 2021 2022 2023 2024 2025 …

投資可能期間

2018
2019
2020
2021
2022
2023
2024

利益も含めて
ロールオーバーで
さらに非課税運用！

2024年から新NISAが始まり、
2019年以降の一般NISAはロールオーバー不可に…

2019年以降の一般NISA分は、
非課税期間中もしくは終了時に売却するか、
非課税期間終了後に課税口座へ自動移管して
運用を続けるかの選択肢になるね！

実質的に非課税枠が増えるイメージとなるので、一般NISAの利用者としては、非課税期間終了時の有力な選択肢になっていました。

しかし、2024年からは新NISA開始に合わせて、一般NISAのロールオーバーは不可となりました。そのため、**2019年以降に一般NISAで投資した分については、ロールオーバーすることはできません**。

非課税期間中もしくは終了時に売却するか、非課税期間終了後に課税口座へ自動移管して運用を続けるかの選択肢になります。

これを踏まえた一般NISAの出口戦略ですが、基本的にはつみたてNISAと同じでOKです。すなわち、**非課税期間終了時に、すぐにお金を使う予定がなければ課税口座に移った後もそのまま運用を続けるといい**でしょう。

ただ、一般NISAは非課税期間が5年と短いので、非課税期間終了を待たずに利益が出ている間に売却するという選択肢もアリだと思います。

その際、新NISAの非課税枠に空きがあるならば、一般NISA分の売却で得た資金を新NISAで改めて投資するのがいいでしょう。

Q ジュニアNISAで運用していた分はどうなる？

未成年向けのジュニアNISAについては、嬉しいお知らせと残念なお知らせがあります。

まず嬉しいお知らせは、ロールオーバーの手続きが不要となったことです。そもそもジュニアNISAの非課税期間は最長5年でしたが、ロールオーバーを行うことで、子どもが18歳になるまで非課税運用が可能になっていました。

ただロールオーバーには手続きが必要なため、管理がやや面倒で、手続きを忘れる恐れもありました。しかし**新NISAに関する改正に伴い、ロールオーバーの手続きが不要となり、自動で継続管理勘定（ロールオーバー専用の非課税枠）に移管**されることになります。

これによりジュニアNISAで投資した分は、子どもが18歳になるまでロールオーバー不要、つまりほったらかしで非課税運用できるようになったのです。

ちなみに、かならずしも18歳まで運用する必要はなく、**ジュニアNISA口座を廃止する代わりに、2024年以降はいつでもすべて引き出すことが可能**です。

ジュニアNISAはロールオーバー不要で18歳まで非課税運用が可能に！

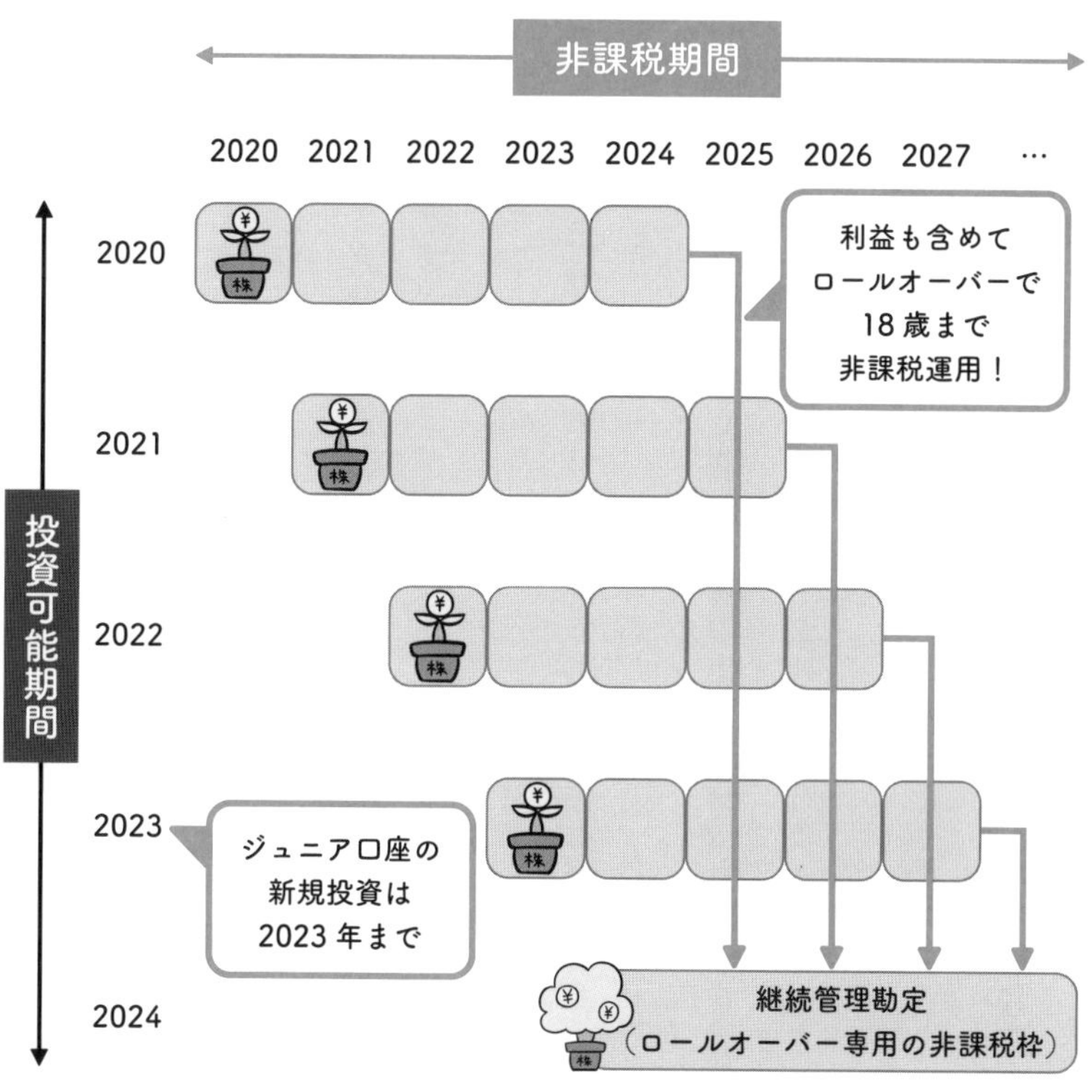

かならずしも18歳まで運用する必要はなく、2024年以降はいつでも、ジュニアNISA口座を廃止する代わりにすべて引き出すことも可能だよ！

ただジュニアNISA口座内の一部資金のみ、引き出すことはできないので注意してください。

一方で残念なお知らせは、**ジュニアNISA口座で新規に投資できるのは2023年まで**と決まったことです。

また、ジュニアNISA口座で成人になるまで運用した分は、一般NISA口座へロールオーバーも可能でしたが、これも2024年以降は不可となりました。

これを踏まえ、ジュニアNISAの出口戦略も整理しておきますが、主な選択肢は2つ考えられます。

まず、**非課税期間が終了する18歳になったら、売却して現金化**することです。

その上で、子どもの大学費用などまとまった支出に充てるか、子どもにそのまま渡して管理してもらうのもいいでしょう。

もしくは**売却した資金で、18歳から利用できる子ども名義の新NISA口座で新規投資に回すのもアリ**だと思います。

ジュニアNISA口座から新NISA口座へのロールオーバーは不可なので、いったん売却して新規投資する形になりますね。

この際、18歳になった子どもとよく話をして、一緒に新NISAの運用を始めていくのもいいでしょう。

また、2024年以降、ジュニアNISAに代わる投資方法についても、改めてお話ししておきます。

新NISAに関する改正の話が出た際に、未成年でも新NISAを利用できるようにすべきか、政府の方でも議論になったようです。

ただ、結論としては見送りになってしまったので、**2024年以降に未成年の子ども名義で非課税投資できる口座はありません。**

未成年口座自体を開設することはできますが、そちらは課税口座のため、利益に対して税金がかかります。

そのため、**子ども名義ではなく親名義の新NISA口座を活用して、教育資金目的の運用も行う**などの案を検討してみましょう。

Q 特定口座の保有分は売却すべき？

従来のNISAの場合、**つみたてNISAで年40万円の満額投資をして、次のステップとして特定口座で投資をした方が多い**でしょう。

特定口座は利益に約20％の税金がかかってしまいますが、つみたてNISA口座で満額投資している以上、さらに投資するには特定口座を利用するのが自然な流れでした。

しかし、2024年からの新NISAは非課税枠が年360万円に拡大したことから、より大きな投資額もカバーできるようになります。

そのため、**特定口座で投資していた分はいったん売却して、新NISA口座で改めて投資するのがいいのか**という質問をよくいただきます。

まず理想としては、特定口座の保有分は売却せず、新たな投資資金を準備して、新NISAの枠をすべて埋められるのがベターではあります。

ただ、新NISAの生涯投資枠1800万円を埋める投資資金を別途、用意するのは現実的に難しい方が多いでしょう。

そのため、**基本的には特定口座の保有分は売却し、その資金を新NISA口座の投資に回していきましょう**。

特定口座から新NISA口座へ保有銘柄の移管はできないので、特定口座の保有分はいったん売却して現金化する必要があります。

最近、特定口座で投資を始めた方なら、そもそも損益もそこまで出ていないはずなので、特段気にせずに売却できるでしょう。

ただ悩ましいのは、**特定口座である程度まとまった資金を運用していて、利益もそれなりに出ている際、売却するのを躊躇してしまう方も多い**と思います。

しかしこの場合も、結論としては早めに売却して、新NISA口座で改めて投資するのがいいので、具体例を見ていきましょう。

たとえば特定口座にて、元本100万円を数年前から運用して、足元で＋30％、つまり元本と利益合計で130万円の資産に増えたとします。

それなりに利益が出ていたので売却するのをためらい、特定口座でそのまま運用を続けてさらに＋10％増えて、143万円の資産となりました。

この時に売却すると、利益の43万円に約20％課税されるので、8・6万円が税金として引かれます。そうなると手元に残るのは134・4万円になるため、元本100万円を除いた税引き後の利益は34・4万円です。

しかし、**特定口座の保有分をためらわずに売却し、新NISAで投資していたらどうなっていたでしょうか**。先ほどと同じように、元本100万円が足元で＋30％、元本と利益合計で130万円とします。

このタイミングですべて売却して現金化した上で、新NISA口座への投資に回すことを考えてみましょう。

売却時、利益の30万円に約20％課税されるので6万円が税金として引かれ、手元に残るのは124万円です。

この124万円を新NISA口座へ投資した後、先ほどと同様に＋10％の利益が出たとすると、136・4万円の資産となりました。

元本100万円を除くと、利益は36・4万円ですが、**これは新NISAで運用した後の利益のため、非課税でまるまる受け取れます**。

特定口座で保有したままの利益34・4万円より、利益が2万円ほど大きくなりましたね。

特定口座の保有分はいったん売却すべき？

特定口座で保有を続けたケース

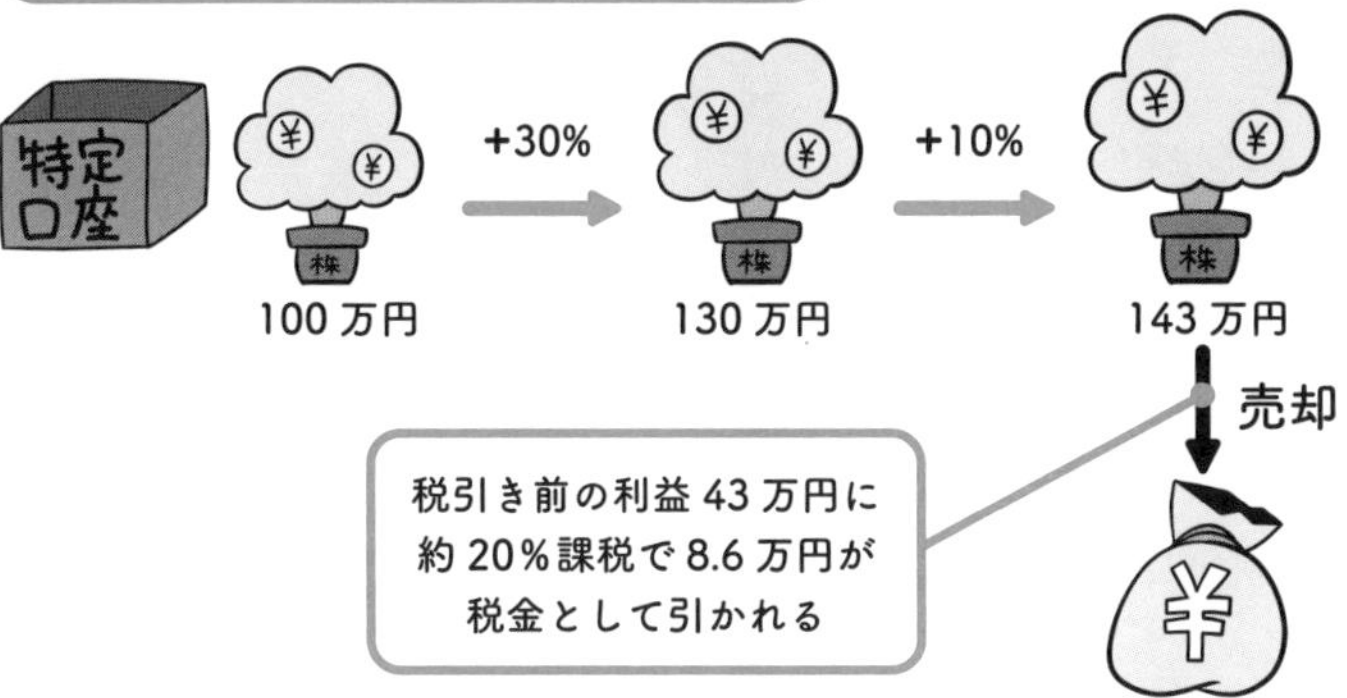

特定口座分は売却して新NISAで投資したケース

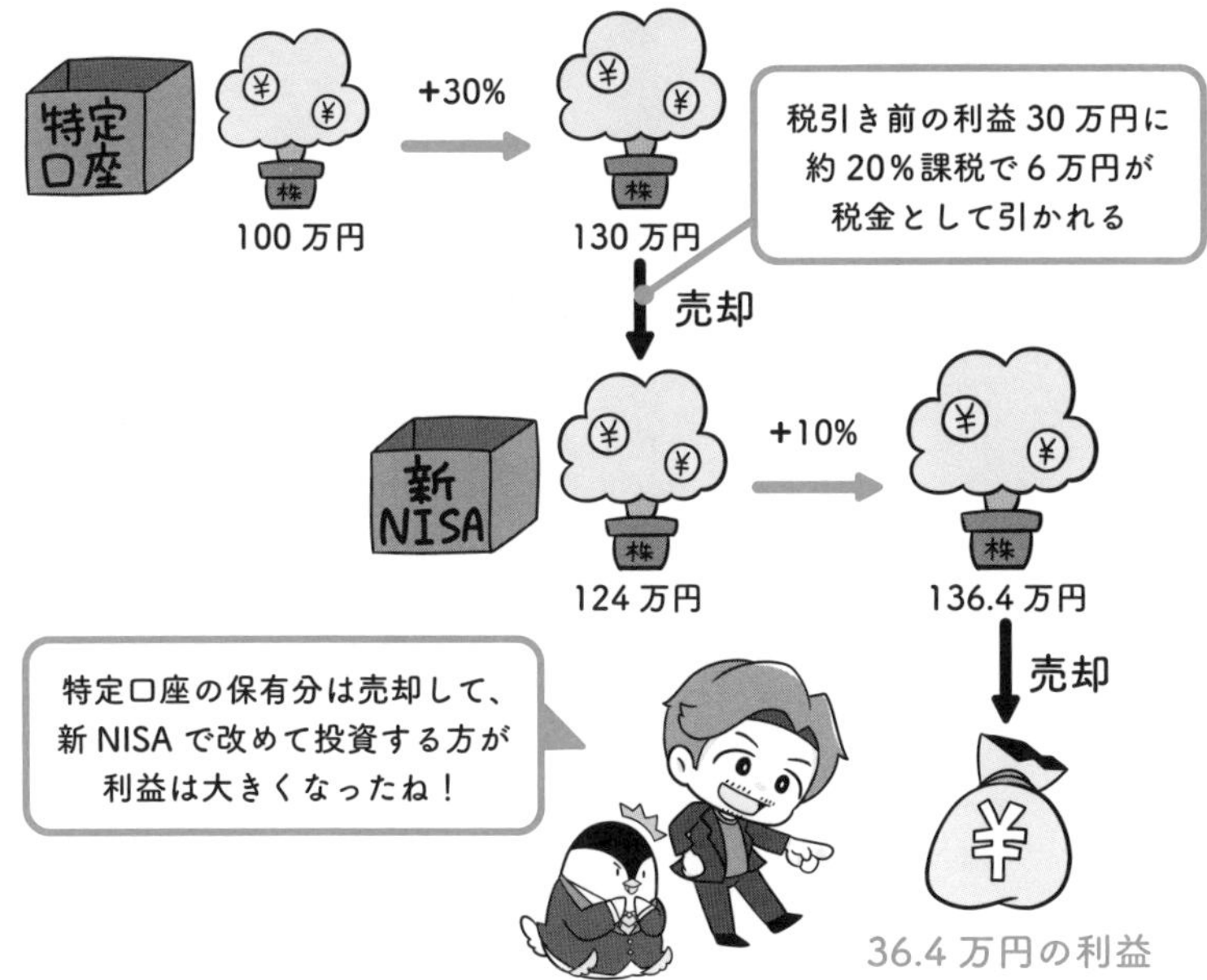

このように、今後も株式相場が上昇して、利益が積み上がっていくとするならば、**特定口座の保有分は早めに売却して、新NISAで投資するのがお得**と言えるでしょう。

これは投資信託に限らず、個別株やETFなどの商品でも同じ認識でOKです。

ちなみに、特定口座で含み損を抱えている銘柄を保有している方もいるでしょう。

損した状態で売りたくないという気持ちは分かりますが、そのまま保有を続けても含み損がいつ解消するか分かりませんし、相場が気になってストレスにつながるかもしれません。

なので、個人的にはリセットも含めて、**特定口座分はいったん売却して損失を確定させてから、新NISA口座で投資する**のが精神衛生的にもよろしいかと思います。

あとは、特定口座の保有分を売却する際の方法も紹介しておきます。

まず、**そこまで特定口座の資産が大きくない人は、一度にまとめて売るのがシンプルで分かりやすい**と思います。人にもよりますが、数万円~数十万円程度の保有額であれば、一括で売却してもいいでしょう。

一方で、**特定口座の資産がある程度大きい方は、売却する際のベストなタイミングを考え**

てしまうと思います。数百万円～数千万円程度の保有額ともなると、できるだけ値上がりしている時期に一括で売却したくなるでしょう。

ただし、そうなると相場が気になってしまい、なかなか売却が進まなくなるので、**複数回に分けて売るのがいい**と思います。

たとえば、新NISAの非課税枠360万円を満額投資する際、200万円の投資資金がある方なら、余った非課税枠160万円だけ、特定口座の保有分を売却してみましょう。**複数回に分けて売却することにより、一括売却で心配される安値売りを避けることができるので、精神的にも余裕を持ちやすい**です。

残りの特定口座の保有分については、そのまま運用を継続できるので、投資資金を寝かせてしまうこともありません。

また最近は各金融機関で、投資信託の定期売却サービスも普及し始めているため、特定口座の保有分を少しずつ売る際は活用してみるといいでしょう。

Q 成長投資枠を使う場合ってどんな時？

新NISAではつみたて投資枠（年120万円）と、成長投資枠（年240万円）の併用が可能なので、最大で年360万円まで投資できます。

ただし、つみたて投資枠だけでも年120万円、月に直すと10万円まで積立できるので、**初心者の方は基本的につみたて投資枠だけの利用でいい**と思います。

この理由として、生涯投資枠1800万円のうち、成長投資枠に充てられるのは1200万円が上限になるからです。

成長投資枠で1200万円投資した後に、さらに新NISAで投資する場合はつみたて投資枠にて600万円分の枠を利用しないといけません。

しかし、**つみたて投資枠のみで生涯投資枠1800万円を使い切ることは可能**なので、成長投資枠を使わずにつみたて投資枠だけでシンプルに管理できますね。

そのため、やはり基本はつみたて投資枠を優先するのがいいでしょう。

その上で、**成長投資枠を使う場合は、主に3つのケースがあります。**

①つみたて投資枠で年120万円投資した上で、さらに追加で投資したい
②積立投資ではなく、相場を見てスポット投資を行いたい
③成長投資枠でしか選べない個別株やETFなどを買いたい

これらに該当する方であれば、成長投資枠を使うのはアリだと思います。

ちなみに、つみたて投資枠から使い始める必要はなく、成長投資枠のみ利用することも可能なので、覚えておくといいでしょう。

なお、**つみたて投資枠と成長投資枠それぞれで、同じ銘柄へ投資することは特段問題ありません。**

枠が分かれても、投資先が同じなら、合計の投資額に対して複利が効くと思えばOKです。

Q 複数年にわたって購入した銘柄を売却すると、生涯投資枠の復活はどうなる？

新ＮＩＳＡの生涯投資枠は１８００万円ですが、売却時に復活するルールがやや複雑なので、改めて整理しておきましょう。

まず、**新ＮＩＳＡ口座で保有している商品を売却した場合、売却した商品を買い付けた時の金額（買付残高）の分だけ、売却した翌年に生涯投資枠が復活**します。

仮に元本１００万円と利益50万円の計１５０万円を売却しても、翌年に復活する生涯投資枠は１００万円です。

その上で、**同じ商品を複数年にわたって購入した場合はどうなるか**解説します。

たとえば２０２４年に、新ＮＩＳＡの成長投資枠で１株１万円の株式を１００株（１００万円）買ったとします。その後、２０２５年に同じ株式が１株８０００円に下がったとしてさらに１００株（80万円）購入したとすると、１８０万円で２００株を買ったことになります。

ここで大事なのは**「平均取得単価」という、1株につき平均いくらで購入したかを示す価格**です。

先ほどの例だと、平均取得単価は180万円÷200株＝9000円になりますね。

その上で2026年に、保有している200株のうち、100株だけ売却したとします。すると2027年に復活する生涯投資枠は、平均取得単価9000円×100株＝90万円となります。

つまり、**複数年にわたって購入した銘柄を売却する場合、復活する生涯投資枠は平均取得単価で計算される**ことを覚えておきましょう。

ちなみに、平均取得単価の計算自体は金融機関が自動で行ってくれるため、保有資産の画面などから確認できます。

また、平均取得単価は、つみたて投資枠と成長投資枠で別々の勘定で計算されます。

Q 積立額はいつでも変更できる？

新NISAはつみたて投資枠（年120万円）で月10万円まで、成長投資枠（年240万円）で月20万円まで積立が可能です。この**積立額はいつでも変更可能**なので、まず無理のない金額から積立を始めて、将来的に積立額を上げることも問題ありません。

ただし注意点として、**その月ごとの積立額を変更して設定することは、基本的にできません**。たとえば、1月5000円、2月3000円、3月7000円、4月1万円などと、事前に設定することは不可と思っておきましょう。

あくまで積立投資とは、あらかじめ決められた金額（定額）で、継続的に購入する方法となります。

ちなみに**金融機関によっては、指定した月の積立を増やすことができるボーナス設定というサービスもあります**。これにより、たとえば月5000円で積立設定をしておいて、6月と12月だけ1万5000円に増額して購入することも可能です。

ボーナス設定は一度設定すれば、積立の増額注文を自動化できて便利なので、興味がある人は試してみましょう。

Q 暴落時にまとめて投資するのはアリ？

新NISAは成長投資枠でスポット投資が可能なので、**「株式相場が暴落した時を狙って、まとめて投資するのはどうでしょうか？」**という質問をよくいただきます。

たしかにまとまった資金を投資する場合、相場が下がった時に買って、上がった時に売りたいと、誰もが考えるでしょう。

実際、私も2020年のコロナショックの時は、暴落時にスポット投資を行って、それが今ではそれなりの含み益になっています。

ただ、これは経験したから分かることですが、**いざ暴落局面に出くわすと、どこまで下がるかがまったく読めません**。

私もコロナショックの時は毎日、相場を見ていましたが、「今が買い時だ！」と思って投資しようとしても、そこからさらに下がる恐れがあります。

たとえば1株1万円の株式が下落相場によって、1株8000円に下がった際に購入できたとしても、その後もズルズルと下落することもあり得ます。

1株7000円まで下がってしまったら含み損を抱えてしまい、**「もう少し待ってから投資すれば良かった……」**と後悔してしまうかもしれません。

しかも、コロナショックの時はわずか数カ月足らずで暴落前の水準まで戻ったので、逆に「もっと下がるかもしれないから待っておこう」と考えて、結果的に買いそびれた人も多かったはずです。

結局、**相場の底というのは、「あとから見ればあの時が底だった」と分かるもの**なので、暴落時を狙っての投資は本当に難しいと思っておきましょう。

もし、それでも暴落局面に投資したいのであれば、**感情に左右されないようにマイルールを決める**といいでしょう。

これは私もコロナショックの時に実践しましたが、たとえばスポット投資の資金を4分割しておきます。その上で、直近のピークから10％下がるたびに1／4ずつ投資すれば、－40％の下落までは買えるという手法です。

コロナショックでは、米国株価指数のS＆P500は最大で－35％程度の下落でしたか

暴落局面の投資はマイルールを決めよう！

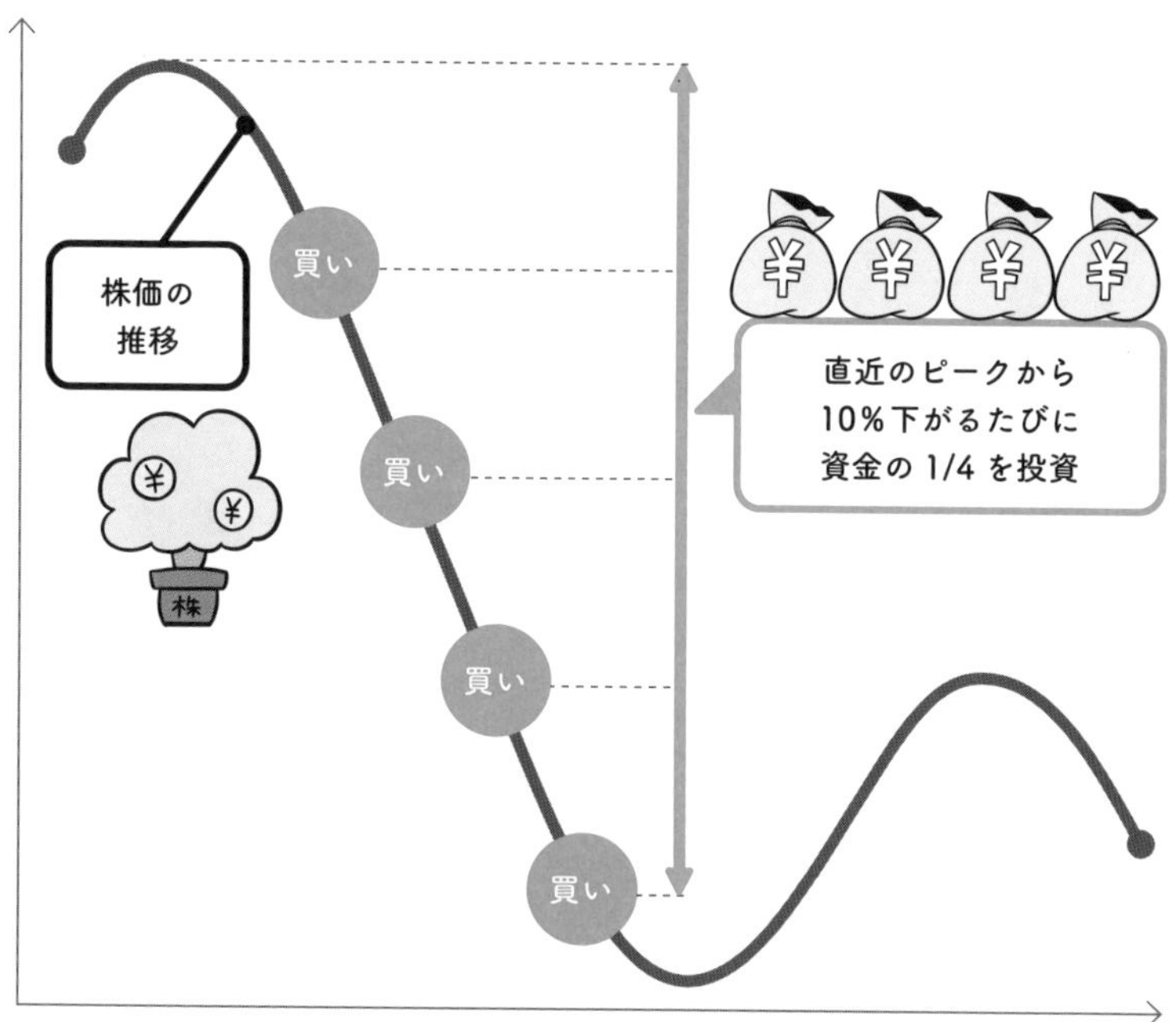

これでー40％の
下落までは
上手く買えるね

これは一例だから、自分でアレンジしてみてね！
暴落時の投資は感情に左右されやすい分、
とにかく機械的に投資することを心がけよう

ら、私も資金が底をつかずに上手く購入することができました。

ただし、これはあくまで一例なので、○%下がったらいくら投資するという部分は、ぜひ自分でアレンジしてみてください。

大事なポイントとして、**暴落時の投資は感情に左右されやすい分、事前にマイルールを決めて、とにかく機械的に投資していきましょう。**


ちなみに、**「暴落が来るのを待って積立投資を始めればいいのでは?」**と考える人もいるでしょう。

しかし、コロナショックを例に挙げると、暴落から数カ月足らずで相場が回復したため、せっかく待機した意味があまりなかったと言えます。

また、そもそもですが、**相場を気にせずに投資を始めたいと考える人こそ、積立投資が向いている**と言えるでしょう。


積立投資は、暴落時も安い価格でたくさん買えてラッキーと思えるため、精神的な余裕を持ちやすいのがメリットでした。そのため、相場の値動きに一喜一憂しなくて済むのが、積立投資の魅力だと覚えておきましょう。

Q 投資信託の分配金コースを受取型にしてしまったので、再投資型に変更した方がいい？

新NISAで投資信託の積立設定を進めていると、**分配金コースで「受取型」か「再投資型」を選択する欄**があります。

分配金とは、第2章の高配当株投資で出てきましたが、運用によって得られた収益を一定期間おきに投資家へ支払う仕組みでしたね。

その上で「受取型」は分配金をそのまま現金として受け取るコースで、「再投資型」は分配金を現金として受け取らず、同じ投資信託を自動で追加購入してくれるコースです。

分配金を受け取れば定期的にお金をもらえますが、デメリットとして、投資信託の値段である基準価額が下がる要因となるため、複利効果が弱まってしまいます。

そのため分配金が特段不要で、将来の基準価額の上昇を期待したいという人は、分配金コースを「再投資型」にしておく必要があります。

しかし、積立設定の際に間違えて、分配金コースを「受取型」にしてしまうと、いったん現状の積立設定を解除してから、改めて設定し直さないといけません。

ただ、これはぜひ知っておいてほしいのですが、**新NISAのつみたて投資枠で選べる投資信託は、そもそも分配金が出ない銘柄ばかり**になっています。

人気のインデックスファンドであるeMAXIS Slim全世界株式（オール・カントリー）やeMAXIS Slim米国株式（S&P500）も、過去に一度も分配金が支払われていません。

分配金が出ない投資信託であれば、分配金コースは「受取型」と「再投資型」、どちらを選んでも関係ありません。

そのため結論としては、つみたて投資枠で選ぶようなインデックスファンドであれば、「受取型」のままでも影響はないため、特段気にしなくてOKです。

ちなみに、過去に分配金が支払われているかについては、投資信託の説明書である目論見書に記載されているので、チェックしてみるといいでしょう。

Q 全世界株式と米国株式って両方選んでもいい？

新NISAでまず選びたい商品として、全世界株式と米国株式のインデックスファンドを紹介してきました。人気の銘柄だと、eMAXIS Slim全世界株式（オール・カントリー）やeMAXIS Slim米国株式（S&P500）などですね。

ただ、**「どちらを選ぶか決められないので、両方に投資するのはアリですか？」**という質問もよくいただきます。

たしかに、新NISAで投資する銘柄は1つである必要はなく、複数選択することも可能ですからね。

全世界株式と米国株式、両方とも買っておいた方が、資産運用において大事な分散投資の効果がさらに得られるのではと考える方もいるはずです。

しかし、**仮に全世界株式と米国株式のインデックスファンドに同じ金額を投資したら、各国の構成比率はどうなるか**考えてみましょう。

まず全世界株式インデックスファンドにおける中身をおさらいしておくと、たとえばeMAXIS Slim全世界株式(オール・カントリー)が連動するMSCI ACWI Indexであれば、先進国23カ国、新興国24カ国で構成されています。

ただ各国の構成比率を見ると、**現状は米国が62・3%で1位**になっています。2位は日本ですが5・5%しかないので、米国がダントツであることが分かりますね。

この構成比率は各国の株式市場の時価総額の増減によって変わりますが、今はそれだけ世界的に見ても、米国の株式市場の規模が大きいと言えます。

次に米国株式インデックスファンドにおける中身ですが、eMAXIS Slim米国株式(S&P500)であれば、米国の代表的な企業500社で構成されています。

つまり、**投資する国で言うと、米国だけに100%投資**することになりますね。

そうなると、全世界株式と米国株式を両方選ぶことによる米国の構成比率は、(62・3%+100%)÷2=81・2%。**全体の約80%を米国株が占めて、残りの20%がその他の先進国・新興国に分散となるので、だいぶ米国株に偏ってしまう**ことになります。

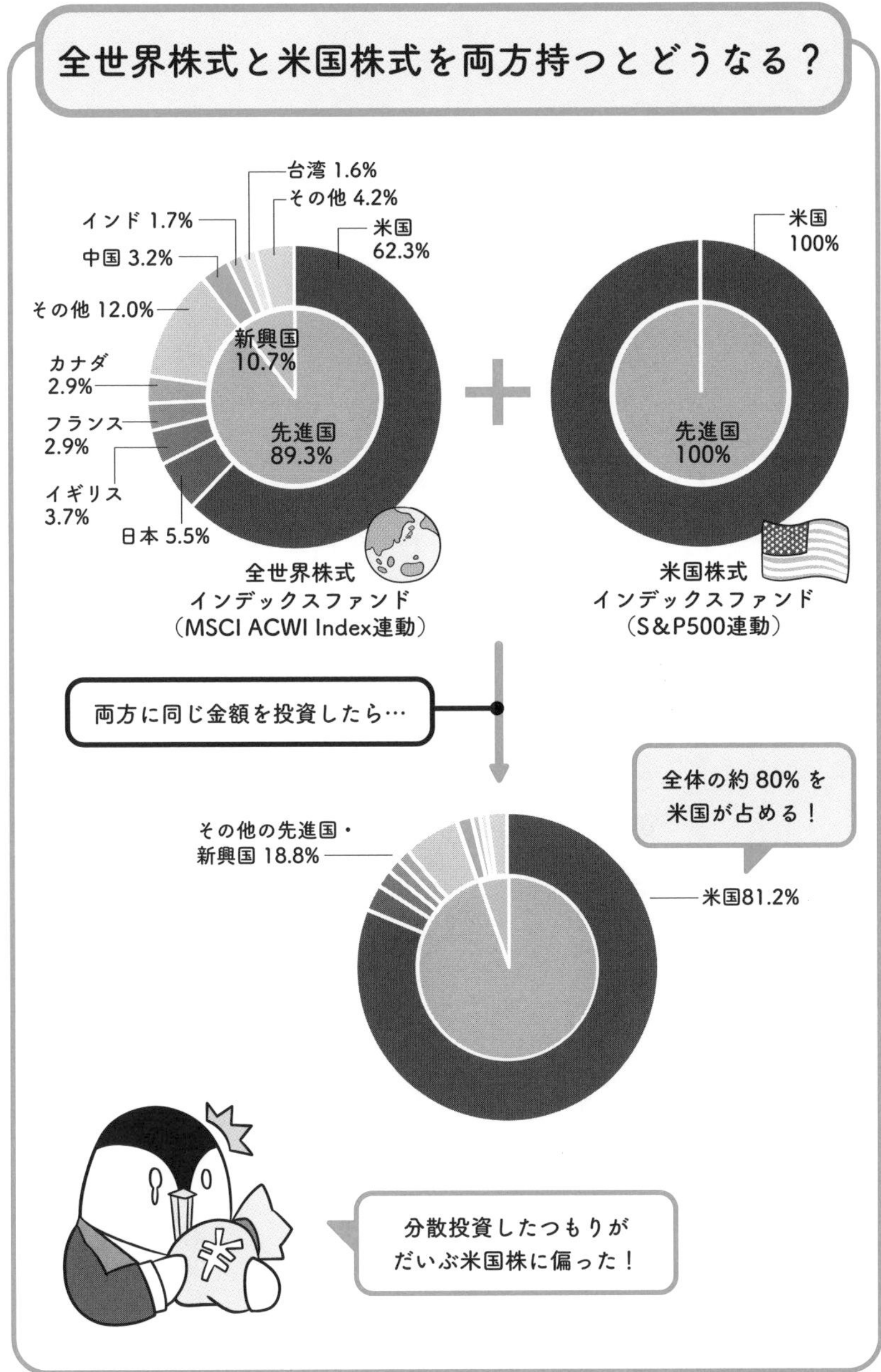

（出所）投資信託の目論見書より筆者作成。MSCI ACWI Index における各国の構成比率は 2023 年 9 月時点の数値。※表示桁未満の数値がある場合、四捨五入

そのため、全世界株式と米国株式を両方とも買って分散投資したつもりだったのに、米国株が下落した時は思いのほかマイナスになってしまった、という事態もあり得るでしょう。

なので**両方を選ぶと、現状は米国の構成比率がかなり高くなるため、この投資方法は、米国株の成長を期待しつつ、多少はその他の国へ分散しておきたいという人ならアリ**だと思います。

ただ、これはやや論理的な観点からの考え方です。

単純にまだ投資を始めたての身として、両方を選ぶことが自分にとって精神的な安定につながるという方もいるでしょう。

投資は余裕を持ちながら、穏やかに続けるのも大事なので、**初心者の方はひとまず全世界株式と米国株式のインデックスファンドを2つ選ぶのもよろしいかと思います。**

新NISAで積立する銘柄はいつでも変更できるので、どうしても迷うのであれば、とりあえず両方選んで運用を始めていきましょう。

Q ハイリスク・ハイリターンで運用したい人向けのおすすめ商品は？

新NISAで人気の商品と言えば、全世界株式や米国株式のインデックスファンドですが、せっかくなので他の銘柄を選んでみたいと考える人もいるでしょう。

特に、**「ハイリスク・ハイリターンの銘柄を検討してみたい」**という声をいただくので、より高いリターンを求めて積極的に運用したい人向けのおすすめ商品を紹介します。

ただし、それだけ**リスク（値動きの幅）も大きくなり、相場の低迷時には大きく下落する**恐れもありますので、あくまで中級者に向けた解説だと思ってください。

初心者の方は参考までに、目を通しておくといいでしょう。

まず1つ目は、**ナスダック100指数に連動するインデックスファンド**です。

ナスダックは聞いたことがあるかもしれませんが、米国における新興企業（ベンチャー）向けの株式市場で、上場する企業はハイテク・IT関連が中心です。

このナスダックに上場した企業のうち、金融セクターを除いた中で時価総額が大きい代表的な100銘柄の株価の平均点が、ナスダック100です。

GoogleやApple、Amazon.comなどの大手ハイテク株は、ナスダック100に含まれています。

ここで、S&P500とナスダック100の違いを先に解説しておきますね。

どちらも米国株式における代表的な指数ですが、構成にやや違いがあります。

まずS&P500は、米国の主な株式市場であるニューヨーク証券取引所とナスダックに上場するなかで選定された、時価総額が大きい500銘柄の株価の平均点です。

一方のナスダック100は、ナスダックに上場している銘柄のうち、時価総額が大きい100銘柄の株価の平均点です。

そのため、**S&P500とナスダック100では、重複して含まれている銘柄**もあります。

各指数の上位10銘柄を比較してみると、どちらにも大手ハイテク株が並んでいますね。

ただ、たとえば1位のAppleはS&P500だと7・7%に対し、ナスダック100だと11・6%と、ナスダック100の方がハイテク株の構成比率が大きいことが分かります。

つまり、**今を時めく米国ハイテク株に集中して投資するのが、ナスダック100**だと理解しておけばいいでしょう。

S&P500とナスダック100の上位10銘柄を比較

S&P500		ナスダック100	
1 APPLE INC	7.7%	1 APPLE INC	11.6%
2 MICROSOFT CORP	6.2%	2 MICROSOFT CORP	9.9%
3 AMAZON.COM INC	3.4%	3 AMAZON.COM INC	5.5%
4 NVIDIA CORP	2.9%	4 NVIDIA CORP	4.2%
5 TESLA INC	2.1%	5 META PLATFORMS INC-CLASS A	3.5%
6 META PLATFORMS INC-CLASS A	2.0%	6 TESLA INC	3.3%
7 ALPHABET INC-CL A（Google）	2.0%	7 BROADCOM INC	3.1%
8 ALPHABET INC-CL C（Google）	1.9%	8 ALPHABET INC-CL A（Google）	2.8%
9 BERKSHIRE HATHAWAY INC-CL B	1.9%	9 ALPHABET INC-CL C（Google）	2.8%
10 UNITEDHEALTH GROUP INC	1.2%	10 PEPSICO INC	2.2%

S&P500もナスダック100も米国株の指数という点は共通なんだね

S&P500とナスダック100の上位10銘柄はだいぶ重複しているけど、ナスダック100の方がハイテク銘柄の構成比率が大きくなっているね！

（出所）Yahoo! ファイナンスほか各種データベースより筆者作成。S&P500とナスダック100における上位10銘柄の比率は2023年7月時点の数値

ナスダック100はここ数年、大きな注目を集めていますが、その背景にはナスダック100の目覚ましい上昇があります。

データ⑩はS&P500とナスダック100の過去約30年の推移を比較したグラフですが、**S&P500は約7倍に対し、ナスダック100は約28倍**に成長しています。

S&P500の上昇でもじゅうぶん目を見張るものがありますが、近年はナスダック100を選んでハイテク株に集中投資した方が、驚異的なリターンを得られました。

この理由は明確で、**GoogleやApple、Amazon.comなどの大手ハイテク株がナスダックに上場しているからであり、最近の米国株の躍進はまさにナスダックが支えていた**と言えるでしょう。

ただし過去をさかのぼると、2000年のITバブル崩壊があったように、ハイテク株も今後、大きく下落する局面が訪れるかもしれません。

たとえば2023年は人工知能(AI)ブームを背景に、大きく上昇するハイテク株もありましたが、ブームはどこかでかならず終わりを迎えます。そのため、**ナスダック100の上昇がこれからも続くか分からない**ことは、重々承知しておきましょう。

データ⑩ S&P500とナスダック100の比較

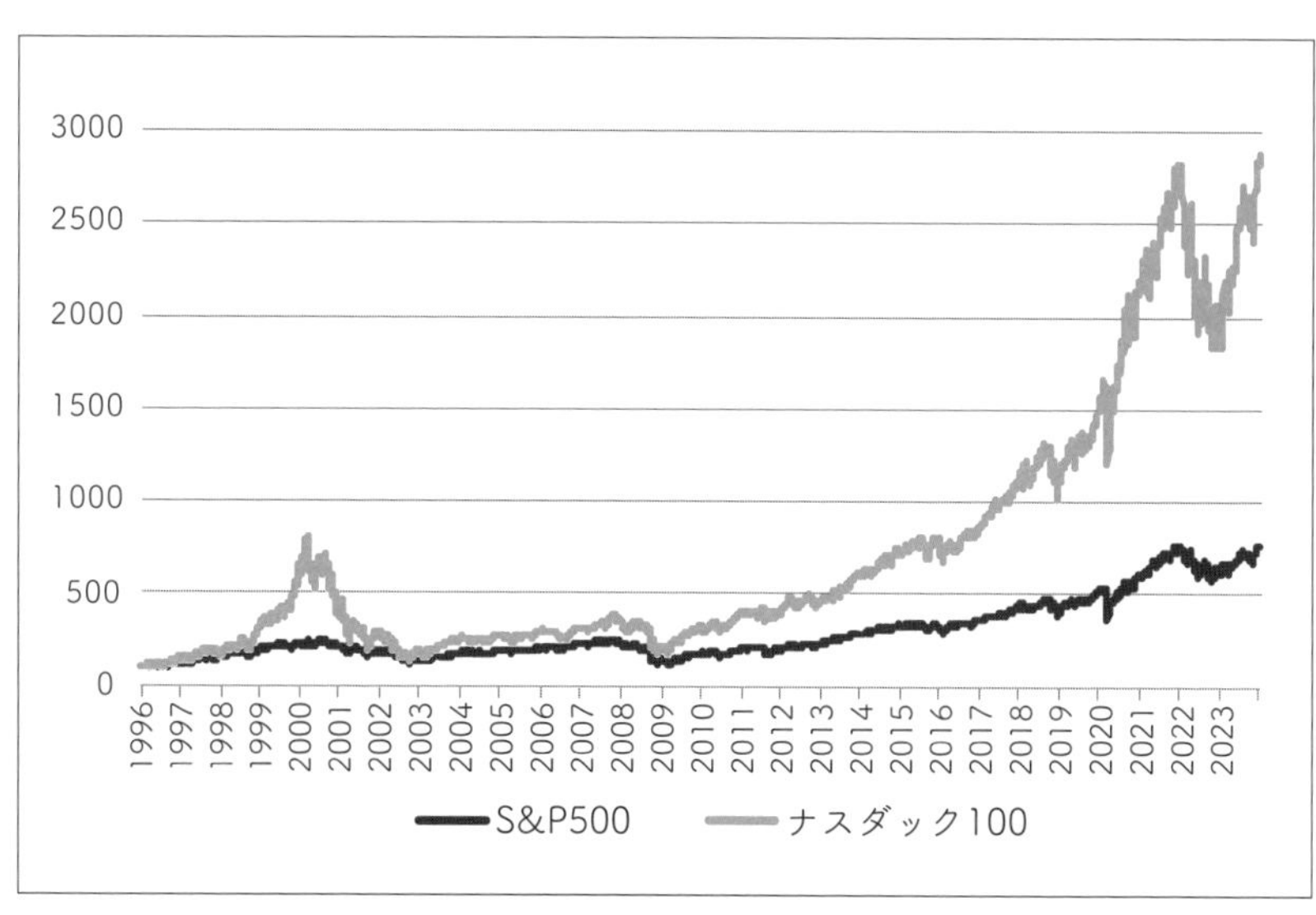

（出所）Yahoo! ファイナンスより筆者作成。S&P500、ナスダック100ともに1996年＝100とした値。対象期間は1996～2023年

なお、ナスダック100に連動するインデックスファンドについて、最近は多くの商品が誕生しており、低コスト競争も激化しています。

本書執筆時点では、ニッセイNASDAQ100インデックスファンド（信託報酬年0.2035％）や楽天・NASDAQ-100インデックス・ファンド（信託報酬年0.198％）などが話題を呼んでいますね。

新NISAでは、ナスダック100のインデックスファンドは成長投資枠で選択できますが、つみたて投資枠で選べる銘柄もあるので、投資する際は調べてみるといいでしょう。

データ⑪中国とインド、米国の人口推移予想

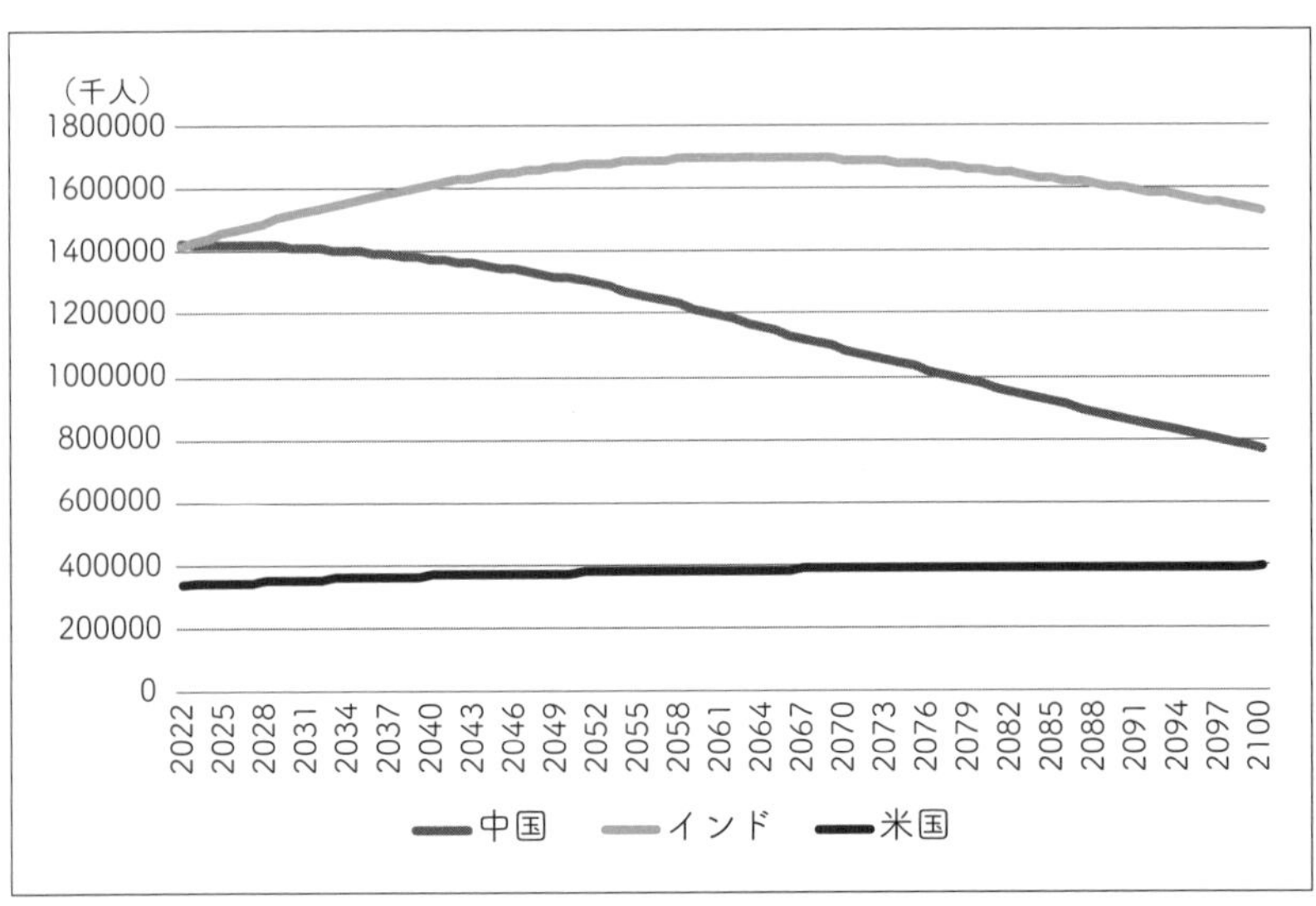

（出所）United Nations「Probabilistic Population Projections based on the World Population Prospects 2022」より筆者作成。対象期間は2022～2100年

そして2つ目は、**インド株のインデックスファンド**です。

こちらも注目を集める理由は明確で、**インドは2023年半ばに中国を抜いて人口が世界1位になった**ことで話題になりました。

データ⑪は、国連のデータを基にした中国とインド、米国の人口推移予想です。

中国は以前から、人口が増えすぎたことにより飢饉など様々な問題が発生していたため、夫婦がもうける子どもの数を1人に制限する一人っ子政策を実施しました。

その結果、人口抑制の効果はあったものの、今度は少子化に歯止めがかからなくなり、**中国は将来的に急速な高齢化と人口減**

少が予想されています。

すでに足元の人口は約14億人でピークが見えており、その後は急激に減少し、2100年には8億人を下回る見通しとなっています。

一方、**代わりに台頭するのがインドで、今後も人口は増え続けて、2060年頃が約17億人でピーク**と言われています。

ちなみに米国は、移民の影響で人口が増加する珍しい先進国ですが、それでも人口は約3億〜4億人程度の推移となる予想なので、やはり中国やインドの人口の多さが分かります。

また、インドは単に人口が多いだけではなく、生産年齢人口の割合で見ても魅力があります。生産年齢人口は、労働力となる年齢、具体的には15〜64歳の人口ですが、インドはまだ若年層が多いことから、総人口のうち、生産年齢人口が占める割合のピークが2032年の約70%と言われています。

つまり**インドは2032年頃には、全人口の7割が15〜64歳の働く世代であることから、経済成長を後押しする要因となり、株価の上昇も期待できます**。

では、気になるインド株の過去のパフォーマンスですが、近年は米国のS＆P500を上回るリターンを発揮しています。

データ⑫はS＆P500と、インドの代表的な株価指数Nifty50を過去約25年で比較したグラフですが、**S＆P500は約4倍に対し、Nifty50は約24倍**にもなっています。

ただ悩ましい点として、**新興国は政治・経済・社会情勢が不安定なため、いわゆるカントリーリスクが高く、株価の変動も比較的大きい**傾向があります。

また為替リスクにも懸念があり、インド株であればインドルピー建ての資産を保有することになるので、**新興国特有の政情不安から円高ルピー安が進んだ際は、為替差損**が発生してしまいます。

そのため、新NISAにおけるメインの投資対象として、インド株を選ぶのはなかなか悩ましいかと思います。

なので、全世界株式もしくは米国株式のインデックスファンドを積立しつつ、インド株へは少額で積立を検討するのもいいでしょう。

いわゆる**「コア・サテライト」戦略で、運用資産の約70～80％をコア（中核）、残りの20～30％程度をサテライト（衛星）に配分**するイメージです。その上で、コア部分は長期かつ

データ⑫ S&P500とNifty50の比較

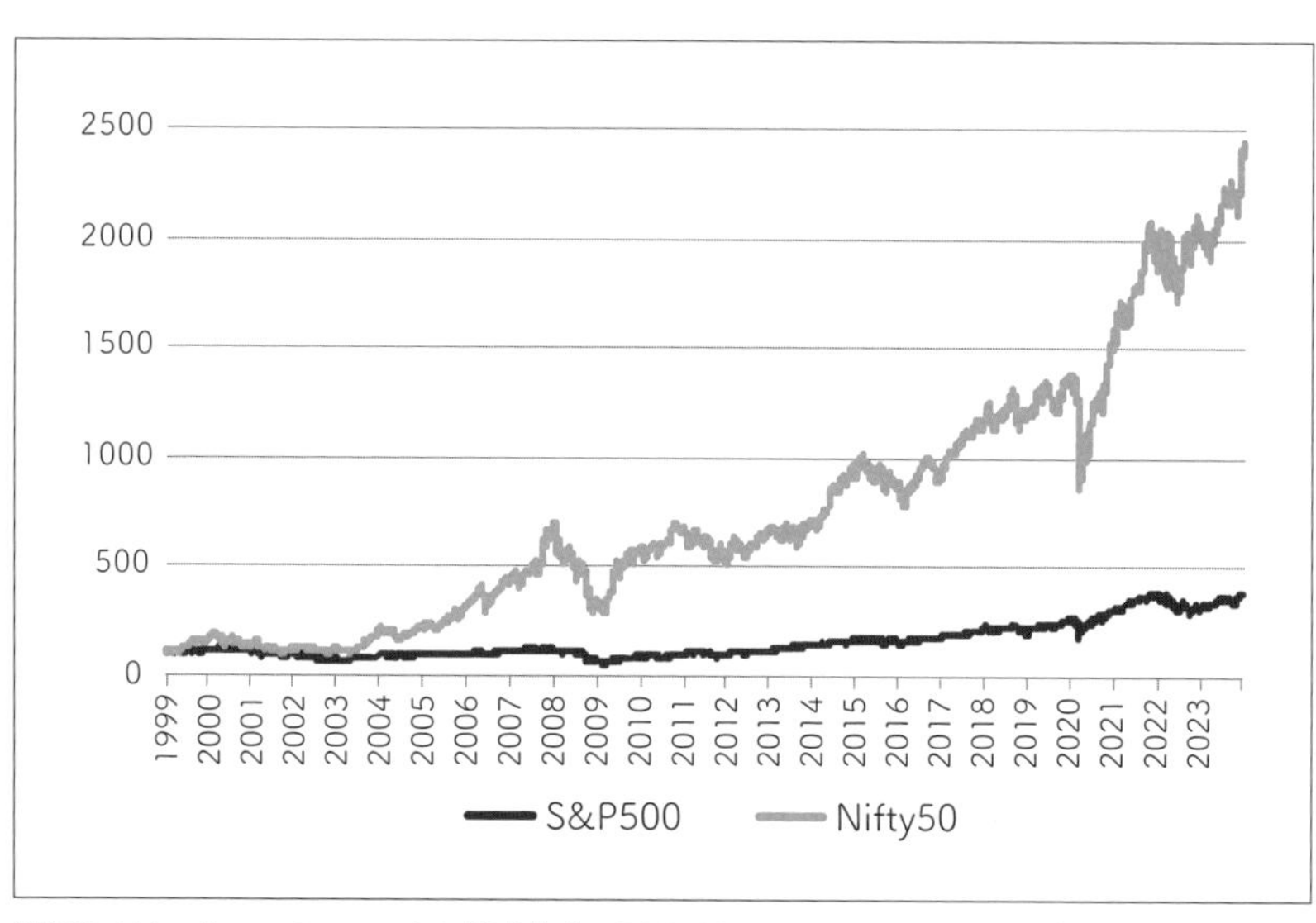

（出所）Yahoo! ファイナンスより筆者作成。S&P500、Nifty50ともに1999年＝100とした値。対象期間は1999～2023年

安定的に運用し、サテライト部分はコア部分よりも高いリターンを求めて積極的に運用するという考えですね。

最後に、インド株のインデックスファンドですが、こちらも多くの商品が誕生しています。

本書を執筆している時点では、iFreeNEXTインド株インデックス（信託報酬 年0・473％）やSBI・iシェアーズ・インド株式インデックス・ファンド（信託報酬 年0・4638％）などが話題を呼んでいますね。

ただし、インド株のインデックスファンドは現状、成長投資枠でしか選べないので、覚えておきましょう。

Q 新NISA口座の金融機関変更ってどうやるの？

新NISA口座は、同じ年に複数の金融機関で利用することはできませんが、**年単位で金融機関を変更することは可能**です。

たとえば2024年はA銀行の新NISA口座を利用して、2025年からはB証券の新NISA口座へ変更もできます。

なお、この場合、**A銀行の新NISA口座で投資していた分をかならずしも売却する必要はなく、そのまま非課税期間無期限で運用を続けられます**。

ただし金融機関を変更した後は、A銀行における新NISA口座で新規の投資はできず、あくまですでに投資した分の運用のみ可能です。

ちなみに、A銀行の新NISA口座で保有している分を、B証券の新NISA口座へ移管はできません。

また、生涯投資枠については、A銀行とB証券における、新NISA口座保有分を合算して計算となります。

その上で、**新NISA口座の金融機関変更手続きの大まかな流れ**はこちらです。

①変更前の金融機関で、勘定廃止通知書を受け取る
②変更したい金融機関にて、新NISA口座を申し込む
③金融機関変更の申込書類が郵送されるので、勘定廃止通知書と一緒に返送する
④金融機関と税務署の審査完了後、新NISA口座が開設される

まずは**変更前の金融機関、つまり現在、新NISA口座を開設している金融機関にて手続き**を行います。

実店舗がある銀行や証券会社などであれば、窓口で「新NISA口座の金融機関を変更したいです」と伝えればOKです。

実店舗がないネット銀行やネット証券なら、ホームページ上での手続きとなります。

変更前の金融機関で行う手続きは簡単で、金融商品取引業者等変更届出書を提出して、勘定廃止通知書を受け取ります。

新 NISA 口座の金融機関変更のイメージ

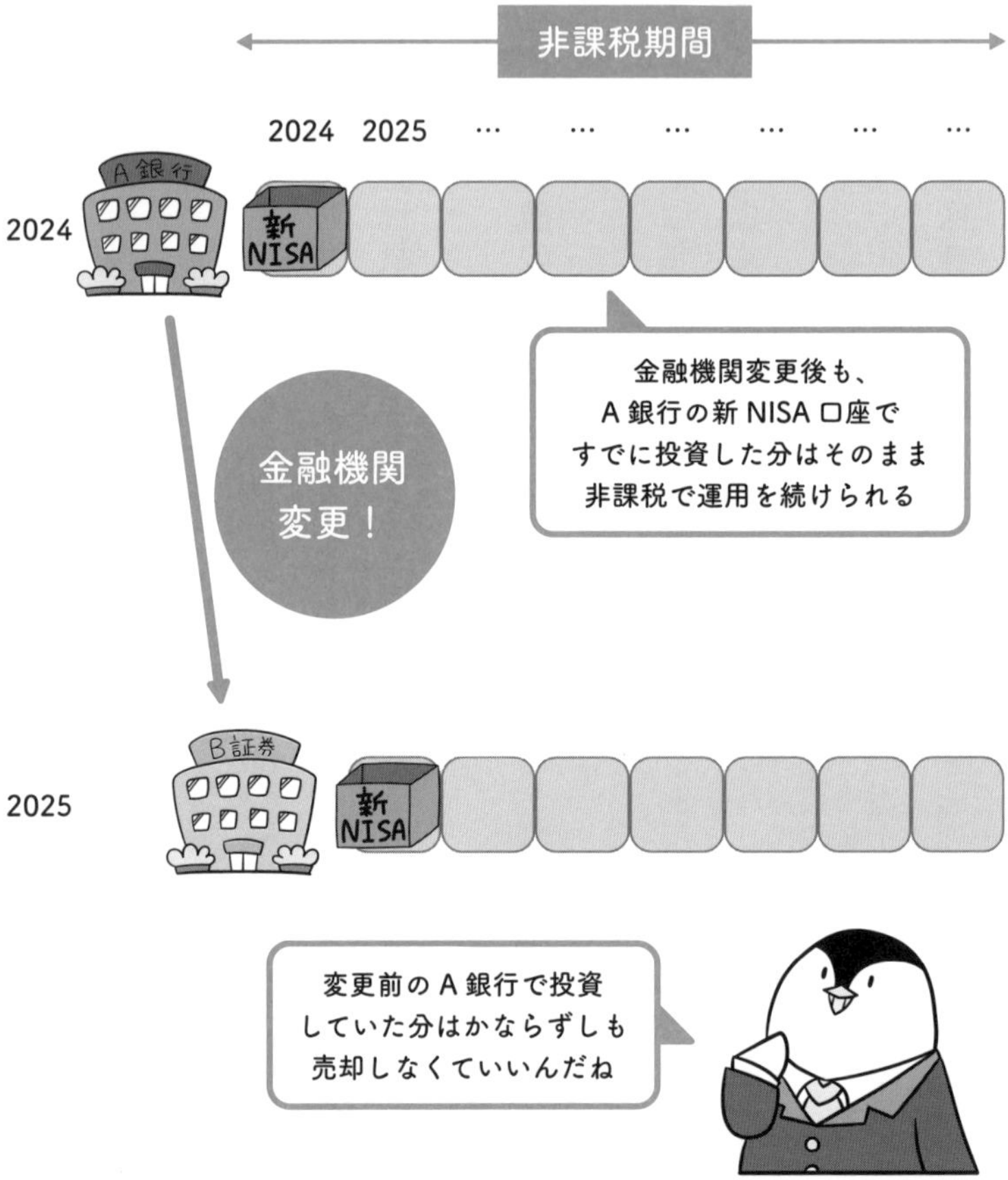

非課税期間

2024 2025 … … … … … …

2024 A銀行 新NISA

金融機関変更！

金融機関変更後も、
A 銀行の新 NISA 口座で
すでに投資した分はそのまま
非課税で運用を続けられる

2025 B証券 新NISA

変更前の A 銀行で投資
していた分はかならずしも
売却しなくていいんだね

新NISA口座は年単位で金融機関を変更できるけど、
変更後はA銀行の新NISA口座で
新規投資はできず、A銀行の新NISA保有分を
B証券に移管することも不可だよ

この**勘定廃止通知書は、変更したい金融機関へ提出するので、大事に保管しましょう。**

なお、変更前の金融機関で新NISA口座を一切利用しておらず、NISA口座自体を廃止する手続きを行うなら、非課税口座廃止通知書を受け取ることになります。

その上で次のステップとして、**変更したい金融機関にて新NISA口座を申し込みます。**

ネット証券であれば、ホームページから新NISA口座を申し込むと、「新規で開設する」か「他社から乗り換える」を選択する欄があるので、**「他社から乗り換える」を選びましょう。**

後日、変更したい金融機関から、金融機関変更の申込書類が郵送されるので、先ほどの勘定廃止通知書と一緒に返送します。

これで金融機関と税務署の審査完了後、新NISA口座が開設されます。

ただ**全体を通して数週間～1カ月程度かかる場合もある**ため、金融機関変更手続きは余裕を持って行いましょう。

また、金融機関変更手続きを行う時期には注意点があり、**変更したい年の前年10月1日～当年9月30日に手続きを済ませないといけません。**

たとえば、2025年に新NISA口座を変更したい場合は、2024年10月1日〜2025年9月30日に、変更前・変更後それぞれの金融機関で手続きを済ませる必要があります。

もし2025年10月1日の手続きになってしまうと、2026年からの変更となるので注意しましょう。

ただし、これがやや複雑なルールなのですが、**年内に金融機関変更できる期限の9月30日というのは、変更前の金融機関でその年に非課税枠をまだ利用していないことが前提**となります。

なので仮に、2025年1〜9月に変更前の金融機関の新NISA口座で積立していた場合、金融機関変更できるのは早くても2026年からとなります。

この場合、金融機関変更手続きができるのは、2025年10月1日以降となるので気を付けましょう。

金融機関変更手続きの流れを知っておこう

ステップ①

変更前の金融機関にて、新 NISA 口座の金融機関変更の手続きを行い、勘定廃止通知書を受け取る

ステップ②

変更したい金融機関にて、新 NISA 口座を申し込む

※ネット証券なら「新規で開設する」か「他社から乗り換える」を選択する欄があるので、「他社から乗り換える」を選ぶ

ステップ③

変更したい金融機関から、金融機関変更の申込書類が郵送されるので、勘定廃止通知書と一緒に返送する

ステップ④

金融機関と税務署の審査完了後、新 NISA 口座が開設されるので、改めて積立設定などをして投資を始めれば OK ！

全体を通して数週間～1カ月程度かかる場合もあるから、余裕を持って手続きしよう！

Q iDeCoと新NISA、どっちを優先するのがいい？

新NISAと併せてiDeCoが気になる方も多いので、どちらを優先するのがいいか紹介しますね。

結論から言うと、**基本的には新NISAを優先すればOKですが、節税メリットを享受しつつ、老後資金の準備をしていきたい人はiDeCoも検討するといい**でしょう。

新NISAとiDeCoは一緒に利用することも可能なので、この機会にiDeCoについてもきちんと理解しておきましょう。

そもそもiDeCoとは個人型確定拠出年金の愛称ですが、**個人型確定拠出年金は、「個人型」と「確定拠出」と「年金」の3つの言葉に分けると理解しやすい**です。

まず「個人型」とは、国や企業に頼るのではなく「自分」で用意するものだと思ってください。

次に「確定拠出」とは、掛金の額は決まっているけど、運用成績によって将来受け取る額が変わるという意味です。反対に将来もらえる額が決まっているのは、確定給付と言います。

最後に「年金」とは、60歳以降に受け取れる年金制度になります。ただ年金とは言いつつも、iDeCoも申込時に専用の口座を開設するので、新NISAと同じように箱のイメージを持っておきましょう。

つまり**iDeCoとは、「個人が掛金を出して、自ら金融商品を選んで運用を行い、老後資金を作る年金の箱」**なんです。

年金制度は大きく分けると3階建てになっています。

1階は国民年金や厚生年金といった国が用意する公的年金です。

2階は会社が用意する企業年金で、企業型確定拠出年金（企業型DC）や確定給付企業年金（企業型DB）などがあります。

そして3階が自分で用意する個人年金で、個人型確定拠出年金であるiDeCoもここに含まれます。iDeCoは20歳以上65歳未満であれば原則誰でも加入ができて、60歳以降に一時金として一括で受け取るか、年金として分割で受け取るかを選択できます。

iDeCoの掛金は、月5000円以上1000円単位で設定できますが、公的年金の被保険者種別やお勤め先の企業年金制度の加入状況により上限額が決まります。

個人型確定拠出年金（iDeCo）とは？

3つの言葉に分けると分かりやすい

個人型	確定拠出	年金
国や企業ではなく自分で用意する	掛金は決まっているが、受取額は運用成績で変わる	60歳以降に受け取れる年金制度

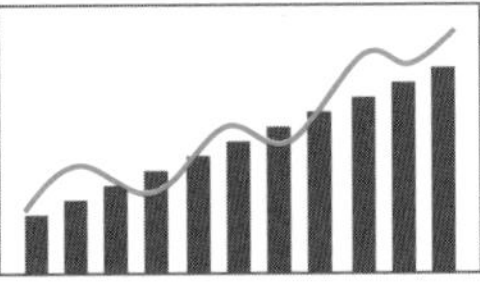

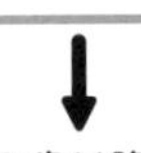

年金制度は3階建てになっている

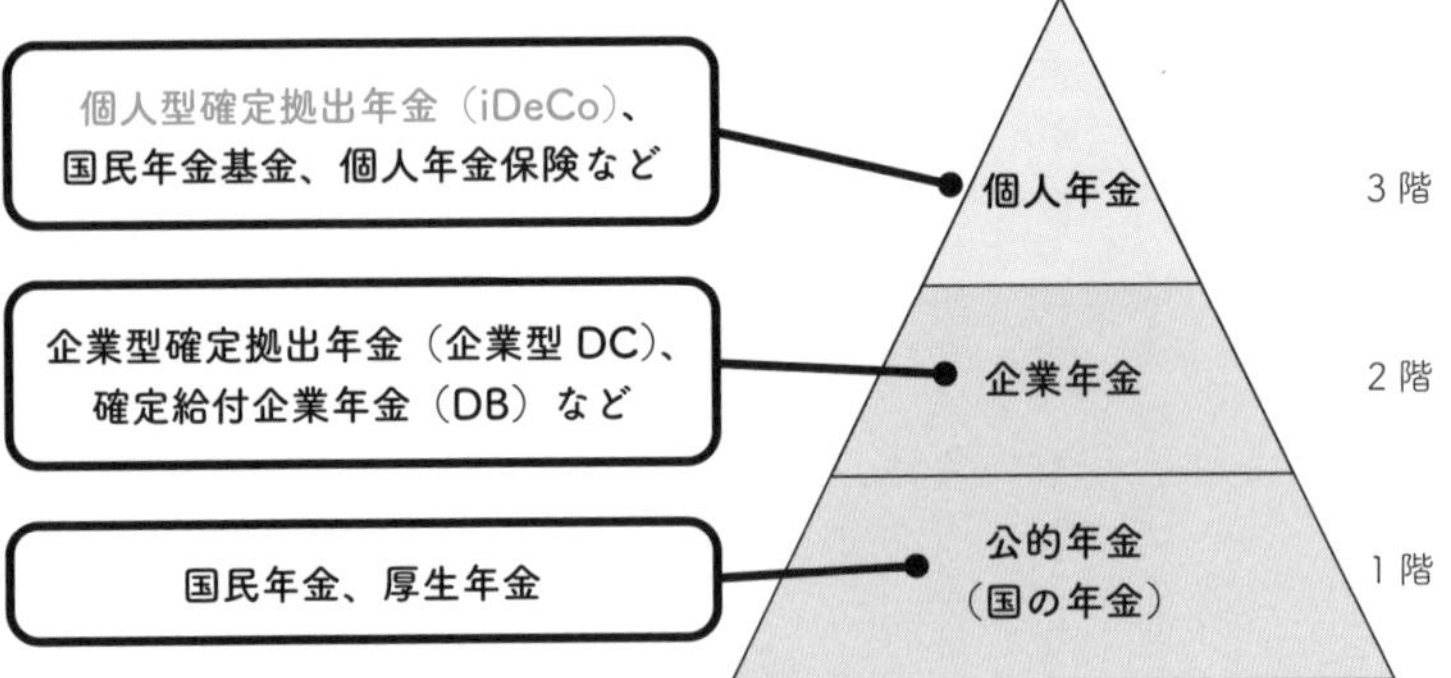

年金制度は3階建てになっていると思ってね。1階は国からの年金、2階は企業からの年金、そして3階が個人年金でiDeCoも含まれているよ

たとえば第1号被保険者と呼ばれる自営業者の方は月6・8万円、第2号被保険者と呼ばれる会社員などの方は会社に企業年金がない場合だと月2・3万円、第3号被保険者と呼ばれる専業主婦（夫）の方は月2・3万円が上限です。掛金額の増減も可能で、掛金の拠出自体を止めることもできます。

またiDeCoに加入する場合、iDeCoを取り扱う金融機関（運営管理機関）を選ぶ必要があります。

金融機関選びは特に重要で、ここでも新NISAと同じように**ネット証券がおすすめです**が、**理由は手数料の違い**にあります。

iDeCoに関する手数料はいくつか種類がありますが、掛金を出して運用する際には、支払先に応じて以下の3つの手数料が毎月かかります。

（1）国民年金基金連合会：月105円
（2）信託銀行：月66円（最低額として）
（3）運営管理機関：月0～300円程度（金融機関による）

iDeCoの実施機関である国民年金基金連合会と、iDeCoの資産を管理する信託銀行への手数料は、どの金融機関でも基本変わりません。

ただ金融機関へ支払う運営管理手数料は、大手銀行などでは月300円程度かかるところもあります。

仮に月300円の運営管理手数料を30年支払ったとすると、10万8000円もの費用になりますが、楽天証券やSBI証券などのネット証券であれば、この運営管理手数料はかからないので、コストを大幅に抑えることができます。

最後に、**iDeCoの運用商品は、大きく分けると元本確保型商品と投資信託の2つに分類されます。**

元本確保型商品とはその名の通り、元本が確保されている運用商品のことで、定期預金や保険商品などがあります。

投資信託についてはインデックスファンドやアクティブファンドなど、金融機関ごとにラインナップが異なります。

新NISAと同じように長期運用が前提となるため、やはり米国株式や全世界株式のイン

デックスファンドが人気ですね。

そんなiDeCoには2つの税制メリットがあります。

(1)運用で得た利益が非課税になる

(2)掛金が全額、所得控除になる

まず運用で得た利益の約20%は税金として納めなくてはいけませんが、iDeCoはNISA制度と同様で非課税となります。新NISAの非課税期間は無期限ですが、iDeCoも非課税期間には制限がありません。

仮に**30歳からiDeCo口座で投資信託を購入して60歳まで保有した際、30年間は非課税で運用できるため、早く始めるほど非課税期間が長くなります。**

さらにiDeCoは掛金が全額、所得控除になる大きなメリットがあります。控除(こうじょ)とは一定の金額を差し引くことで、所得控除は個人の所得税や住民税を計算する際、その人の所得から一定額を差し引き、税金の負担を軽くすることを指します。少し細かいのですが、所得控除には基礎控除や配偶者控除、医療費控除など様々な種類があり、iDeCoの掛金は小規模企業共済等掛金控除に該当します。

iDeCoの掛金の上限と手数料について

第1号被保険者	自営業者	月6.8万円
第2号被保険者	会社に企業年金がない会社員	月2.3万円
	企業型DCのみに加入している会社員	月2.0万円
	DBと企業型DCに加入している会社員	月1.2万円
	DBのみに加入している会社員	
	公務員など	
第3号被保険者	専業主婦（夫）	月2.3万円

iDeCoでかかる主な手数料と支払先

加入時（1回のみ）	運用時（毎月）	給付時（受取の都度）
国民年金基金連合会 2,829円	国民年金基金連合会 月105円	信託銀行 440円
	信託銀行 月66円	
	運営管理機関 月0～300円程度	

ネット証券なら、運用時に運営管理機関へ
毎月払う手数料が0円なのでおすすめだよ！

※DC：確定拠出年金、ＤＢ：確定給付企業年金、厚生年金基金
※加入時手数料は、運営管理機関によっては別途必要な場合もある
※他の運営管理機関、または企業型確定拠出年金に移換する際には別途費用がかかる

たとえば会社員がiDeCoを始めた場合、給与収入に対して所得税と住民税がどのように計算され、所得控除によっていくら節税になるかを見ていきましょう。

まずは給与収入から、会社員の必要経費とも言われる給与所得控除が引かれて、給与所得が算出されます。

次に給与所得から、iDeCoの小規模企業共済等掛金控除を含む様々な所得控除が引かれて、課税所得が算出されます。

最後に課税所得に所得税率と住民税率がそれぞれ掛けられて、所得税と住民税が導き出されます。

ちなみに、所得税の税率は課税所得に応じて5~45%まで段階的に決まり、住民税の税率は原則、一律10%となります。

このあたりは少し複雑な計算になりますが、ようするに**iDeCoの掛金で所得控除が増えれば課税所得は減って、所得税と住民税の負担を減らせるという認識でOK**です。

仮に**毎月の掛金が1万円の場合、年間の掛金12万円に所得税10%、住民税10%をそれぞれ掛けると、合計で年間2万4000円もの節税**になります。

所得税の税率は課税所得により決まるので、課税所得が多い人ほどｉＤｅＣｏにおける節税効果は大きくなります。

一方、パートで働く主婦の方などは課税所得が比較的少ないため、節税効果が小さくなってしまう点は注意しましょう。

ｉＤｅＣｏの掛金を所得控除の対象にするには確定申告の手続きが必要ですが、会社員で口座振替により掛金を納めている場合は、年末調整で対応できるので確定申告は不要です。

ただしｉＤｅＣｏは決してメリットばかりではなく、注意点も以下の２つがあります。

（１）原則、60歳まで引き出せない（資金ロック）

（２）運用後の受け取り方法で税金が変わる

まずｉＤｅＣｏは年金制度のため、原則60歳になるまで年金資産（掛金と運用益）を引き出すことはできません。

これを資金ロックと言いますが、仮にｉＤｅＣｏを始めた後に子どもが生まれて、教育資金や住宅購入資金などでお金が必要になったとしても、ｉＤｅＣｏで運用しているお金を途中解約することはできません。

iDeCo の所得控除による節税効果を知ろう

会社員の所得税計算の手順

給与収入（会社からの給料）

給与所得 ｜ 給与所得控除

課税所得 ｜ 所得控除

×所得税率

所得税額

iDeCo 掛金での所得控除（小規模企業共済等掛金控除）

所得控除により税金が減った！

年間の節税額の目安

僕なら月 10,000 円の掛金だと、年間 24,000 円の節税になるんだね！

課税所得	税率		毎月の掛金による年間の節税額		
	所得税	住民税	10,000 円	15,000 円	20,000 円
195 万円未満	5%	10%	18,000 円	27,000 円	36,000 円
195 万円以上 330 万円未満	10%	10%	24,000 円	36,000 円	48,000 円
330 万円以上 695 万円未満	20%	10%	36,000 円	54,000 円	72,000 円
695 万円以上 900 万円未満	23%	10%	39,600 円	59,400 円	79,200 円

※所得税率に関して、課税所得 900 万円以上 1,800 万円未満は 33%、1,800 万円以上 4,000 万円未満は 40%、4,000 万円以上は 45%。復興特別所得税は考慮せず
※積立金の全額に年 1.173%が課税される特別法人税は課税凍結中

このようにｉＤｅＣｏはライフステージの変化による支出に対応できない点はじゅうぶん**気を付ける必要があり、将来の資産設計をきちんと行った上で始めることが大切**です。

そのため、**60歳までの大きな支出に備えることも視野に入れるなら、いつでも引き出せる新ＮＩＳＡを利用するのがいい**でしょう。

またｉＤｅＣｏは受け取る方法で、税金が変わるので注意が必要です。

ｉＤｅＣｏは運用益が非課税で掛金も所得控除になりますが、60歳以降に年金資産を受け取る際、税金がかかる仕組みとなっています。しかも、運用益だけでなく、掛金を合わせた年金資産全体が課税対象となります。この受け取り時の課税はやや複雑で、受け取り方によって税金の計算方法が異なります。

ｉＤｅＣｏは一時金として一括で受け取るか、年金として分割で受け取るか、もしくは金融機関によっては一時金と年金の併用で受け取るかを選択できます。

一時金として受け取る場合は退職所得となり、退職所得控除によって税金負担は軽減されます。もしくは年金として受け取る場合は雑所得となり、公的年金等控除によって税金負担は軽減されます。

特に一時金で受け取る場合の退職所得控除は、かなり手厚い優遇となるのでおすすめです。

退職所得は、「退職所得＝（退職収入－退職所得控除額）×1／2」で計算されますが、退職所得控除額は勤続年数によって計算されます。勤続年数が20年以下の場合、退職所得控除額は「40万円×勤続年数」となり、勤続年数が20年超の場合は「800万円＋70万円×（勤続年数－20年）」にて算出されます。

iDeCoにおける勤続年数とは、掛金を出して積立した期間だと思えばOKなので、たとえばiDeCoで30年間積立をしたら、1500万円が退職所得控除となります。

つまり受け取り時に、手元に入るiDeCoの掛金と運用益の合計の1500万円までは税金がかからず、人によってはまるまる非課税で受け取ることができます。また退職所得控除を超える分についても、課税されるのは1／2、つまり半分だけとなります。

このように**iDeCoの出口戦略としては、退職所得と同じ扱いになる一時金で受け取る選択肢を考えておくといい**でしょう。

ただし退職所得には会社から支給される退職金なども含まれ、iDeCoの一時金と会社の退職金の受け取り時期が重なってしまうと、退職所得控除をそれぞれに適用できず合算されてしまいます。

この対策としては、会社からの退職金とiDeCoの一時金の受け取り時期を、一定期間空けるのがいいでしょう。

会社からの退職金を受け取る場合、前年以前の4年以内に受け取った一時金は合算して考えますが、それよりも前の一時金は考慮しません。

たとえば**iDeCoの一時金を60歳、会社からの退職金を65歳で受け取るなど5年以上空けた際は、それぞれの受け取りにおいて退職所得控除をフル活用できて大変お得**になります。

またiDeCoの一時金を受け取る場合は、前年以前の19年以内に受け取った退職金は合算して考えますが、それよりも前の退職金は考慮しません。

そのため、会社の退職金とiDeCoの一時金、どちらを先に受け取るかも含めて、自分にとって最適な受け取り方を考えていきましょう。

iDeCoの2つの注意点を知っておこう

原則、60歳まで引き出せない

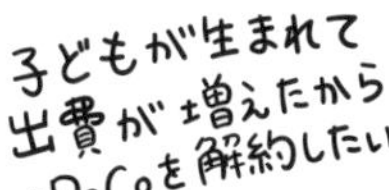

運用後の受け取り方で税金が変わる

一時金受け取りは、iDeCoのお金を一括で受け取る方法で退職所得扱い	受取方法と所得の種類	年金受け取りは、iDeCoのお金を複数回に分けて受け取る方法で、雑所得扱い
退職所得控除 勤続年数20年以下: 40万円×勤続年数 勤続年数20年超: 800万円+70万×(勤続年数−20年)	所得控除	公的年金等控除 65歳未満:最低控除額は60万円 65歳以上:最低控除額は110万円 ※年金以外の所得によって異なる

運用後の受け取り方は、税制優遇の大きい退職所得と同じ扱いになる一時金で受け取る選択肢をまず考えておくといいよ!

※60歳時点で通算加入者等期間が10年に満たない場合、受け取りを開始できる年齢が遅くなるので注意

※iDeCo加入者が一定以上の障害状態になった場合や死亡した場合は、60歳前でも障害給付金や死亡一時金を受給できる

最後に、**iDeCoと新NISAの比較をまとめた上で、どちらを選ぶべきか**をお話しします。iDeCoは掛金が全額所得控除になるという、新NISAにはない税制メリットがありますが、受け取り時に課税され、口座管理などの手数料もかかるためやや複雑な制度となっています。

また、iDeCoは60歳まで引き出せない資金ロックがありますが、新NISAはいつでも引き出しが可能です。

以上を踏まえて、**所得税や住民税の負担を少しでも軽減したい人、お金をすぐ引き出せると使ってしまわないか不安なので、強制的に老後資金を用意していきたい人はiDeCoを検討するといい**でしょう。

一方、特に20代から30代の方などで、老後資金以外にも教育資金や住宅購入資金などを目的とした資産形成に利用したい人であれば、新NISAが向いていると言えます。

どちらを利用するか迷ったら、まずは比較的シンプルで分かりやすく、引き出しの制限がない新NISAから始めるのがいいかと思いますが、ご自身の年齢や資産形成の目的などに合わせて使い分けてみてください。

iDeCo と新 NISA の主な特徴を比較！

制度自体は新 NISA の方が
シンプルで分かりやすそうだね

	iDeCo	新 NISA
対象年齢	20 歳以上 65 歳未満	18 歳以上
年間投資額の上限（非課税枠）	14.4 万～ 81.6 万円（加入区分により異なる）	360 万円 ※生涯投資枠 1,800 万円
非課税期間	制限なし	無期限
投資可能商品	金融機関が選択した定期預金や投資信託など	つみたて投資枠と成長投資枠で異なる
拠出時の税優遇	掛金は全額所得控除（所得税・住民税の軽減）	なし
受け取り時の課税	あり（退職所得控除など優遇あり）	なし
途中引き出し	60 歳まで不可	いつでも可
口座管理などの手数料	あり	なし

iDeCoの税制メリットは魅力的だけど、
60歳まで引き出せない資金ロックが悩ましいね。
迷ったら、まずは新NISAから始めよう

※投資信託を買い替えるスイッチングは、iDeCo は自由にできるが、新 NISA では新しく購入する分の非課税枠が必要

おわりに

新NISAを始めて良かった、と思う日がきっとくる

『世界一やさしい新NISAの始め方』、お読みいただきいかがでしたでしょうか？

イラストと図解をまじえた丁寧な解説にこだわったので、**「分かりやすかった！」「新NISAがよく理解できた！」と感じていただければ幸いです。**

ただ、私からお願いがあります。

本書を読むだけで終わりにせず、新NISAを実際に始めてみるという最初の一歩を踏み出してください。

ここまでお伝えしてきたように、新NISAの始め方は思った以上に簡単です。

そして一度、新NISA口座で積立を始めさえすれば、あとはほったらかしでOKです。

「でも、やっぱり今から新NISAを始めるのは遅いんじゃ……」と、ためらってしまう方も多いでしょう。しかし、**新NISAはまさに「思い立ったが吉日」で、スタートするのにけっして遅いことはありません。**

本書で紹介した通り、新NISAにおける投資はあくまで時間をかけて、コツコツと続けていくものでしたよね。

つまり**新NISAは、いつ始めるかより、どれだけ長く続けたかが重要**なので、将来に向けた気長なマラソンだと思って、今から少しずつでも始めていきましょう。

「お金があれば幸せになれるとは限らないが、人生の選択肢を広げることはできる」とは、私が日ごろから大事にしている言葉です。

人生でやりたいことや叶えたい願いは、きっと誰にでもあると思います。

「小さい頃からの自分の夢を追いかけたい……」

「子どもが夢中になっていることを後押ししたい……」

「家族が笑顔で暮らせる、夢のマイホームを持ちたい……」

「老後はお金に困らず豊かに暮らしたい……」

新NISAは、そうしたやりたいことや願いを実現する手段としても、心強い味方になるでしょう。新NISAを今のうちに始めておけば、将来への備えになることは間違いありません。

きっと将来、「あの時、新NISAを始めておいて本当に良かった！」と思える日がくるはずです。その時に本書が役に立ったなと思い出していただければ、私にとってこれ以上の喜びはありません。

最後になりますが、担当編集者の村上智康さん、この度も誠にありがとうございました。前作の『資産形成1年生』に続いて、スケジュール調整や編集作業などをスムーズに行っていただき、たいへん助かりました。

新NISAに関する書籍も書きたいなと漠然と考えていたところ、村上さんのお声がけで本書を出版できましたので、深く感謝を申し上げます。

また、イラストレーターのさーつるにさんにも感謝を述べたいと思います。さーつるにさんの描く魅力的なイラストと漫画で、本書の内容をより深く理解していただく助けとなりました。

YouTubeでもさーつるにさんのイラストが好評で、「ペンタごんがかわいい！」といった多くの声が寄せられています。

ズボラなペンタごんも、これで新NISAを始めることができました。深く感謝を申し上げます。

そして、温かいコメントをくださるフォロワーの皆さま、いつも自分を応援してくれる家族に、この場を借りて心からの感謝を申し上げます。

新NISAで何か分からないことがあれば、いつでもYouTube「BANK ACADEMY」のコメント欄か、X（旧Twitter）もしくはInstagramのDMから聞いてくださいね。

本書の感想と併せてご質問をいただければ、いつでもお答えしますので気軽に頼ってください。

私はこれからも、新NISAを何十年にもわたって続けていくつもりです。

ぜひ、あなたも新NISAを一緒に続けて、お金に困らない人生を手に入れていきましょう。

2024年3月

小林　亮平

小林亮平（こばやし　りょうへい）
1989年生まれ。横浜国立大学卒業後、三菱UFJ銀行に入行。同行退社後、ブログやSNSでNISAやiDeCoなど資産運用の入門知識を発信。現在はYouTube「BANK ACADEMY」の運営に注力しており、YouTubeのチャンネル登録者数は70万人を超える（2024年3月時点）。「超初心者でも理解できるよう優しく伝える」をモットーに、自作のイラストを駆使した丁寧な解説が好評を得ている。著書に『これだけやれば大丈夫！ お金の不安がなくなる資産形成1年生』（KADOKAWA）がある。

カバーデザイン：菊池祐
本文デザイン：二ノ宮匡
イラスト：さーつるに
DTP：エヴリ・シンク

イラストと図解で丸わかり！
世界一やさしい新NISAの始め方

2024年4月2日　初版発行
2024年10月20日　5版発行

著者／小林 亮平

発行者／山下 直久

発行／株式会社KADOKAWA
〒102-8177　東京都千代田区富士見2-13-3
電話 0570-002-301（ナビダイヤル）

印刷所／TOPPANクロレ株式会社

製本所／TOPPANクロレ株式会社

●お問い合わせ
https://www.kadokawa.co.jp/（「お問い合わせ」へお進みください）
※内容によっては、お答えできない場合があります。
※サポートは日本国内のみとさせていただきます。
※Japanese text only

定価はカバーに表示してあります。

ISBN 978-4-04-606843-9　C0033